TOUR DU QUEYRAS

GR 58 (Tour du Queyras et variantes)

10 jours de marche environ

GR 541 (Col de Furfande - St-Crépin)

1 jour de marche environ

Fédération Française de la Randonnée Pédestre

association reconnue d'utilité publique

14, rue Riquet
75019 PARIS

Chemin du vallon de Souliers - *Photo M. Blanchet, PNR du Queyras.*

Sommaire

Les itinéraires

La randonnée : une passion FFRP !

Des sorties-randos accompagnées, pour tous les niveaux, sur une journée ou un week-end : plus de 2000 associations sont ouvertes à tous, dans toute la France.

Un grand mouvement pour promouvoir et entretenir les 180 000 km de sentiers balisés. Vous pouvez vous aussi vous impliquer dans votre département.

FFRP

Des stages de formations d'animateurs de randonnées, de responsables d'association ou encore de baliseurs, organisés toute l'année.

Une garantie de sécurité pour randonner bien assuré, en toute sérénité, individuellement ou en groupe, grâce à la licence FFRP ou à la RandoCarte.

Pour connaître l'adresse du Comité de votre département, pour tout savoir sur l'actualité de la randonnée et découvrir la collection des topo-guides :

www.ffrp.asso.fr

Centre d'Information de la FFRP
14, rue Riquet 75019 Paris - Tél : 01 44 89 93 93
Ouvert du lundi au samedi de 10h à 18h.

La FFRP

Depuis 1947, le Comité National des Sentiers de Grande Randonnée, devenu 30 ans plus tard la Fédération Française de la Randonnée Pédestre, s'est donné pour tâche d'équiper la France d'un réseau d'itinéraires de randonnée pédestre, balisés, entretenus, décrits dans des topo-guides comme celui-ci et ouverts à tous. Ce sont des bénévoles, au nombre de 6 000 en permanence, qui tout au long de ces cinquante années d'existence ont créé les 65 000 km de sentiers de grande randonnée, les GR maintenant bien connus.

Si la randonnée pédestre a pris en France le développement qu'on lui connaît à l'heure actuelle, si les GR ont acquis la renommée qui leur est reconnue, c'est à eux et à la Fédération qu'on le doit. Depuis quelques années, leur action s'est étendue à des itinéraires de petite ou de moyenne randonnée destinés aux randonneurs de week-end et de proximité.

La Fédération, seule ou parfois avec le concours de collectivités locales, édite les topo-guides qui décrivent les itinéraires et mettent en valeur leur attrait sportif ou culturel.

Mais son action désintéressée ne se borne pas là. Elle intervient sans cesse auprès des pouvoirs publics pour la protection et le maintien des chemins et sentiers nécessaires à la randonnée, pour la sauvegarde de l'environnement naturel, pour la promotion de la randonnée, pour la défense des intérêts des randonneurs.

Elle regroupe plus de 2 300 associations de randonneurs sur l'ensemble du territoire. Celles-ci font sa force. Randonneurs qui utilisez ce topo-guide, rejoignez-les. Plus vous serez nombreux, plus la Fédération sera forte, plus son audience sera grande et plus elle disposera de moyens pour répondre à votre attente.

Réalisation. Le Tour du Queyras a été conçu par M. Philippe Lamour (†), président de la Commission nationale d'aménagement du territoire, maire de Ceillac, président du syndicat intercommunal et du Parc régional du Queyras et administrateur honoraire de la FFRP.

Le balisage a été effectué par M. et Mme Lamour.

Le balisage est régulièrement entretenu par le Parc régional du Queyras, avec le concours technique de l'Office national des Forêts et le soutien du Conseil Général des Hautes-Alpes.

Le texte de présentation est du Dr Paul Cabouat (†).

Cette édition a été revue et complétée par Michel Pionnier, président du Comité de la Randonnée Pédestre des Hautes-Alpes.

Direction des éditions : Dominique Gengembre.
Secrétariat d'édition : Philippe Lambert, Nicolas Vincent et Janine Massard.
Cartographie : Olivier Cariot et Frédéric Luc.
Suivi de fabrication : Jérôme Bazin et Delphine Sauvanet.

LOCALITÉS / RESSOURCES		Pages	Refuge	Gîte d'étape	Hôtel	Camping	Ravitaillement	Restaurant	Car	Gare SNCF
GR 58	CEILLAC	23		•	•	•	•	•	•	
	SAINT-VERAN	26		•	•		•	•	•	
	COL AGNEL	30	•							
	MOLINES	30		•	•		•	•	•	
	LA MONTA	34		•						
	RISTOLAS	34		•	•	•				
	ABRIES	38		•	•	•	•	•	•	
	FONTS DE CERVIERES	39		•						
	SOULIERS	42		•						
	VILLE-VIEILLE	42		•	•		•	•	•	
	CHATEAU-QUEYRAS	42				•			•	
	BRUNISSARD	43		•		•		•		
	ARVIEUX	43			•	•	•	•		
	FURFANDE	46	•							
	VILLARGAUDIN	47		•						
	MONTBARDON	50		•						
	BRAMOUSSE	51		•						
GR 58 A	ABRIES	56		•	•	•	•	•	•	
	AIGUILLES	57		•	•	•	•	•	•	
	VILLE-VIEILLE	58		•	•		•	•	•	
	SOULIERS	58		•						
GR 58 C	COL AGNEL	60	•							
	REFUGE DU MONT VISO	61	•							
	REFUGE GRANERO	61	•							
	CIABOT DEL PRA	62	•							
GR 58 D	LA MONTA	63		•						
	LE ROUX	63		•						
	FONTS DE CERVIERES	64		•						
GR 541	FURFANDE	65	•							
	GUILLESTRE	68		•	•	•	•	•	•	
	SAINT-CREPIN	69			•	•	•	•	•	
	MONTDAUPHIN	70		•	•	•	•		•	•

Refuge — Hôtel — Ravitaillement — Car

Gîte d'étape — Camping — Restaurant — Gare SNCF

Idées rando

Un jour

- Le col de la Croix à partir de La Monta (ou Ristolas) : 3 h 15.
- La collette de Gilly à partir de La Monta (ou Ristolas) par GR 58 D et GR 58 : 6 h 50.

Voir pp. 59, 63 et 35-34.

Deux jours à partir d'Aiguilles

GR 58 et GR 58 A

1. Aiguilles - Fonts-de-Cervières par le col du Malrif : 7 h 15.
2. Fonts-de-Cervières - Aiguilles par le col de Péas : 7 h 45.

Voir pp. 58 à 56 et 39 à 42.

Trois jours

A partir de Ceillac par le GR 58

1. Ceillac - Montbardon : 4 h 30.
2. Montbardon - Bramousse : 4 h 15.
3. Bramousse - Ceillac : 4 h 15.

Voir pp. 50 et 51.

Quatre jours

Vers le Mont Viso à partir de La Monta (ou Ristolas) par le GR 58 C

1. La Monta - refuge Agnel : 4 h 30.
2. Refuge Agnel - refuge du Mont Viso : 7 h.
3. Refuge du Mont Viso - Ciabot del Pra : 4 h.
4. Ciabot del Pra - La Monta : 3 h.

Voir pp. 30, 34 et 60 à 62.

A partir d'Abriès par GR 58, GR 58 D et GR 58 A

1. Abriès - Le Roux : 2 h 45.
2. Le Roux - Fonts de Cervières : 8 h 15.
3. Fonts de Cervières - Aiguilles : 7 h 45.
4. Aiguilles - Abriès : 7 h.

Voir pp. 38-39, 63-64 et 57-56.

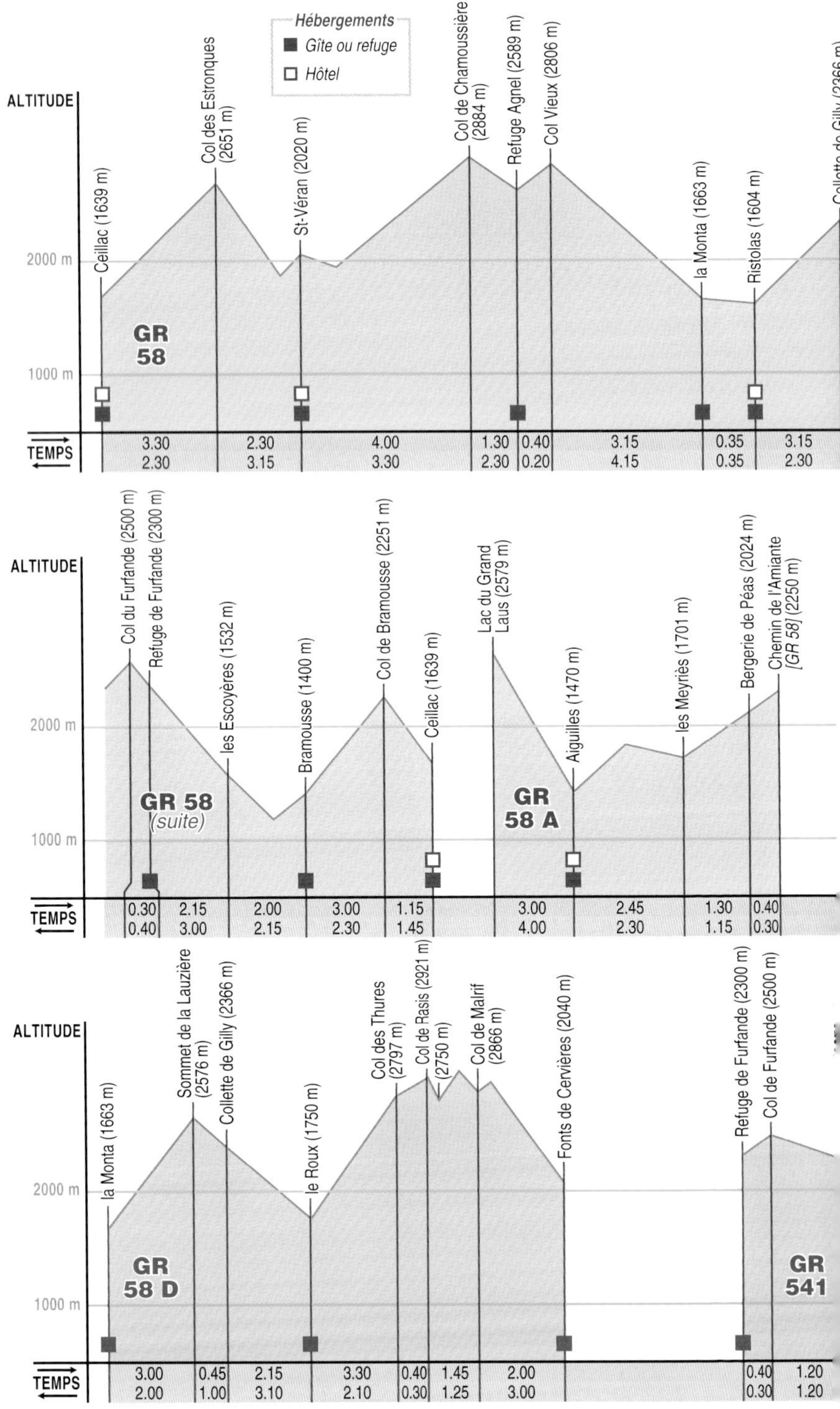

Hébergements
Gîte ou refuge
Hôtel
ALTITUDE
2000 m
1000 m
TEMPS
GR 58
Ceillac (1639 m)
Col des Estronques (2651 m)
St-Véran (2020 m)
Col de Chamoussière (2884 m)
Refuge Agnel (2589 m)
Col Vieux (2806 m)
la Monta (1663 m)
Ristolas (1604 m)
Collette de Gilly (2366 m)
3.30 2.30
2.30 3.15
4.00 3.30
1.30 2.30
0.40 0.20
3.15 4.15
0.35 0.35
3.15 2.30
GR 58 (suite)
Col du Furfande (2500 m)
Refuge de Furfande (2300 m)
les Escoyères (1532 m)
Bramousse (1400 m)
Col de Bramousse (2251 m)
Ceillac (1639 m)
0.30 0.40
2.15 3.00
2.00 2.15
3.00 2.30
1.15 1.45
GR 58 A
Lac du Grand Laus (2579 m)
Aiguilles (1470 m)
les Meyriès (1701 m)
Bergerie de Péas (2024 m)
Chemin de l'Amiante [GR 58] (2250 m)
3.00 4.00
2.45 2.30
1.30 1.15
0.40 0.30
GR 58 D
la Monta (1663 m)
Sommet de la Lauzière (2576 m)
Collette de Gilly (2366 m)
le Roux (1750 m)
Col des Thures (2797 m)
Col de Rasis (2921 m)
(2750 m)
Col de Malrif (2866 m)
Fonts de Cervières (2040 m)
3.00 2.00
0.45 1.00
2.15 3.10
3.30 2.10
0.40 0.30
1.45 1.25
2.00 3.00
GR 541
Refuge de Furfande (2300 m)
Col de Furfande (2500 m)
0.40 0.30
1.20 1.20

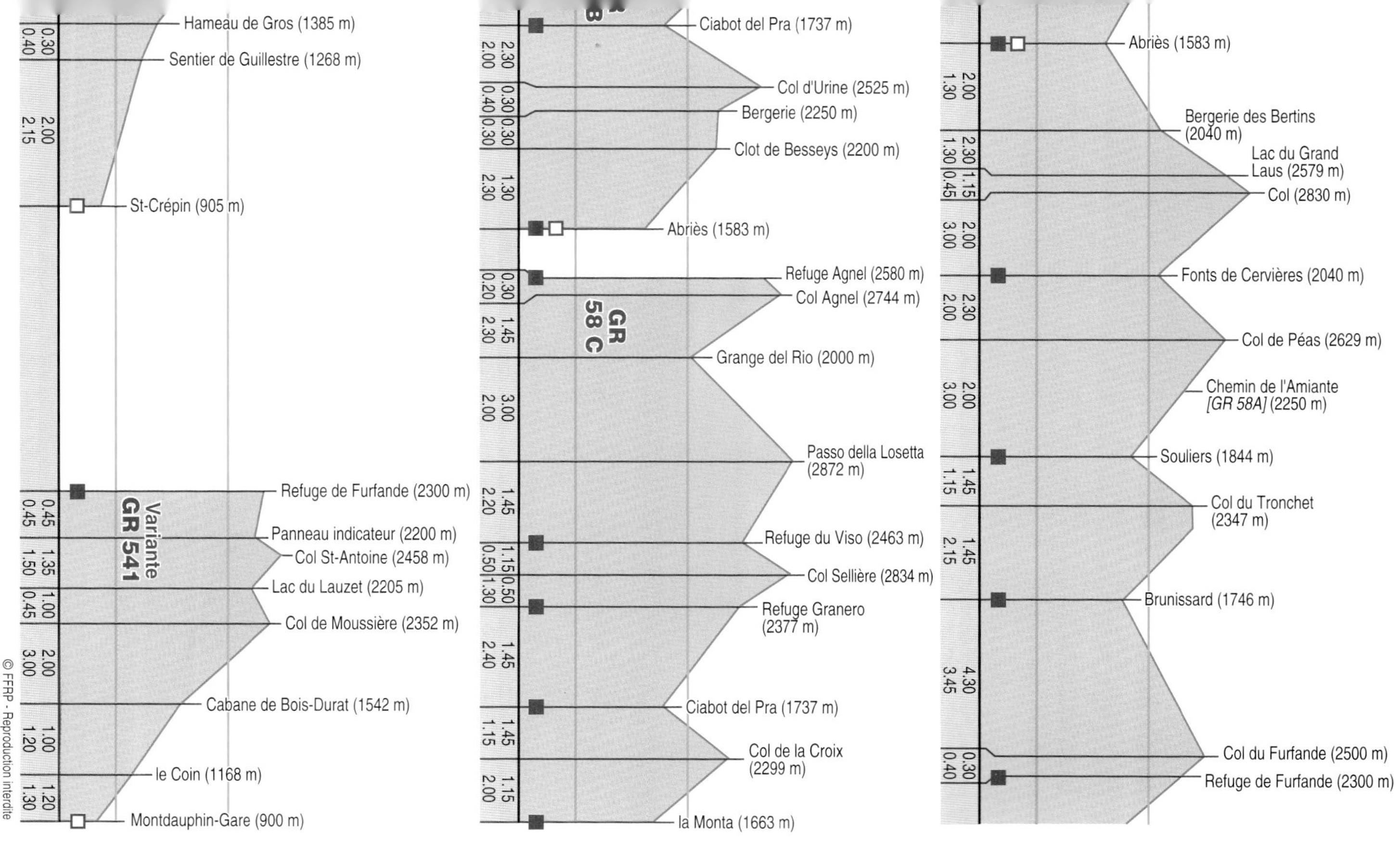
Hameau de Gros (1385 m)
Sentier de Guillestre (1268 m)
St-Crépin (905 m)
Refuge de Furfande (2300 m)
Variante GR 541
Panneau indicateur (2200 m)
Col St-Antoine (2458 m)
Lac du Lauzet (2205 m)
Col de Moussière (2352 m)
Cabane de Bois-Durat (1542 m)
le Coin (1168 m)
Montdauphin-Gare (900 m)
0.30 2.00 0.45 1.35 1.00 2.00 1.00 1.20
0.40 2.15 0.45 1.50 0.45 3.00 1.20 1.30
Ciabot del Pra (1737 m)
Col d'Urine (2525 m)
Bergerie (2250 m)
Clot de Besseys (2200 m)
Abriès (1583 m)
Refuge Agnel (2580 m)
Col Agnel (2744 m)
GR 58 C
Grange del Rio (2000 m)
Passo della Losetta (2872 m)
Refuge du Viso (2463 m)
Col Sellière (2834 m)
Refuge Granero (2377 m)
Ciabot del Pra (1737 m)
Col de la Croix (2299 m)
la Monta (1663 m)
2.30 0.30 0.30 1.30 0.30 1.45 3.00 1.45 1.15 0.50 1.45 1.45 1.15
2.00 0.40 0.30 2.30 0.20 2.30 2.00 2.20 0.50 1.30 2.40 1.15 2.00
Abriès (1583 m)
Bergerie des Bertins (2040 m)
Lac du Grand Laus (2579 m)
Col (2830 m)
Fonts de Cervières (2040 m)
Col de Péas (2629 m)
Chemin de l'Amiante *[GR 58A]* (2250 m)
Souliers (1844 m)
Col du Tronchet (2347 m)
Brunissard (1746 m)
Col du Furfande (2500 m)
Refuge de Furfande (2300 m)
2.00 2.30 1.15 2.00 2.30 2.00 1.45 1.45 4.30 0.30
1.30 1.30 0.45 3.00 2.00 3.00 1.15 2.15 3.45 0.40

Suivez le balisage
pour rester sur le bon chemin

	GR®	GR® PAYS	PR®
Bonne direction			
Tourner à gauche			
Tourner à droite			
Mauvaise direction			

Le jalonnement des sentiers consiste en marques de peinture sur les rochers, les arbres, les murs, les poteaux. Leur fréquence est fonction du terrain.

Les itinéraires de randonnée pédestre connus sous le nom de "GR", jalonnés de marques conformes au modèle reproduit ci-contre, sont une création de la FFRP-CNSGR. Ils sont protégés au titre du Code de la propriété intellectuelle. Les marques utilisées sont déposées à l'INPI. Nul ne peut en disposer sans autorisation expresse.
Sentier de Grande Randonnée, GR, GR Pays, PR, GR, GR PAYS, PR, «...à pied», «les environs de... à pied» sont des marques déposées ainsi que les marques de couleur blanc-rouge et jaune-rouge.

Infos pratiques

Adresses utiles

— Centre d'Information de la FFRP, 14, rue Riquet, 75019 Paris, tél. 01 44 89 93 93. E.mail : info@ffrp.asso.fr, Site Web : www.ffrp.asso.fr.

— Parc naturel régional du Queyras 05600 Guillestre, tél. : 04 92 45 06 23, fax : 04 92 45 27 20.

Points d'information : Maison du Roy (04 92 45 14 73), Col Izoard, Roche Ecroulée à Ristolas, Maison de l'Artisanat, à Ville-Vieille.

— Comité départemental de la Randonnée pédestre 7, rue du Four-Neuf, 05000 Gap, tél./Fax : 04 92 53 65 11. E.mail : cdrp05@wanadoo.fr, Site Web : www.cdrp05.fr.st.

— Comité départemental du tourisme 8 bis, rue Capitaine-de-Bresson, B.P. 146, 05000 Gap, tél. 04 92 53 62 00, Site Web : www. hautes-alpes.net.

— Office de promotion du tourisme en Queyras, 05470 Aiguilles, tél. : 04 92 46 76 18.

— Office du Tourisme, 05470 Aiguilles, tél. : 04 92 46 70 34.

— Office du Tourisme, 05350 Molines, tél. : 04 92 45 83 22.

— Office du Tourisme, 05350 Ville-Vieille, tél. : 04 92 46 70 70.

— Office du Tourisme, 05600 Ceillac, tél. : 04 92 45 05 74.

— Office du Tourisme, 05350 Saint-Véran, tél. : 04 92 45 82 21.

— Office du Tourisme, 05460 Abriès, tél. : 04 92 46 72 26.

— Office du Tourisme, 05350 Arvieux, tél. : 04 92 46 75 76.

Balisage et itinéraire

Le parcours correspond à la description qui est faite dans le topo-guide. Toutefois, dans le cas de modifications d'itinéraire (rendues nécessaires par l'exploitation agricole ou forestière, le remembrement, les travaux routiers), il faut suivre le nouveau balisage qui ne correspond plus alors à la description. Ces modifications sont disponibles au Centre d'information de la FFRP, tél. : 01 44 89 93 93.

Les renseignements fournis dans le topo-guide et par le jalonnement, exacts au moment de l'édition de cet ouvrage, ne sont donnés qu'à titre indicatif et n'engagent en aucune manière la responsabilité de la FFRP.

Cartographie

Bien que le tracé soit porté, dans les pages qui suivent, sur des extraits de cartes au 1 : 50 000 de l'Institut géographique national, les cartes suivantes peuvent être utiles :

— Cartes IGN au 1 : 25 000 : 3536 OT, 3537 ET, 3637 OT.

— Carte IGN au 1 : 100 000 : n° 54.

— Carte Michelin au 1 : 200 000 : n° 77.

La FFRP-CNSGR ne vend pas ces cartes. Pour se les procurer, s'adresser :

— pour les cartes Michelin : aux libraires et papetiers ;

— pour les cartes IGN à l'Institut géographique national :

- 107, rue de la Boétie, 75008 Paris. Tél. : 01 43 98 85 00.

Temps de marche

Les temps de marche indiqués dans le présent ouvrage sont, sauf exceptions dûment motivées, ceux qui correspondent à une marche effective (sans pause ni arrêt par conséquent), accomplie à la vitesse de 4 km à l'heure environ par un touriste peu chargé. Chacun doit donc interpréter ces temps en fonction de son chargement (campeurs en particulier) et de ses capacités physiques. Sur sentiers de montagne, le calcul est différent : il faut compter 300 m à la montée, 400 à 500 m à la descente pour un randonneur moyen et peu chargé, c'est-à-dire 20 mn pour monter 100 m de dénivelé et 15 mn pour en descendre 100.

Difficultés

L'attention du randonneur est attirée sur le fait que tout ou partie de l'itinéraire faisant l'objet du présent ouvrage peut présenter des difficultés sérieuses ou même des impossibilités de parcours, eu égard à l'époque, à la saison (enneigement) ou aux circonstances atmosphériques (brouillard, orage, etc.).

Les tronçons de sentiers en cause ne peuvent être indiqués à l'avance d'une façon certaine et le balisage ne doit pas inciter le randonneur à un optimisme dangereux.

Partir toujours tôt, ne pas craindre de partir au lever du jour, vous bénéficierez de la fraîcheur pour les premières heures de montée et vous pourrez surprendre des animaux par beau temps, vous pourrez vous arrêter plus longtemps pour admirer le paysage, la faune et la flore, En cas d'incident vous serez sûr d'arriver assez tôt à l'étape pour ne pas inquiéter ceux qui vous savent en marche. Méfiez-vous des névés qui peuvent se trouver sur l'itinéraire.

Epoque

Les cols les plus élevés sont généralement déneigés à la mi-juin. En cas de persistance de la neige, s'informer sur place des conditions de passage. Si le temps est beau, ils seront encore praticables au début octobre, se renseigner sur place. Le passage est sans danger avec les précautions d'usage. La période la plus agréable pour parcourir le Tour du Queyras est du 20 au 30 juin. La flore intense y est d'une splendeur exceptionnelle et la fréquentation hôtelière est encore réduite. Par contre, du 14 juillet au 20 août, il sera plus difficile de se loger.

Sites classés et inscrits

Les sites classés sont indiqués sur les cartes de ce topo-guide par un liseré en surcharge jaune ou par un rond jaune.

Ces renseignements ont été fournis par la Direction de l'Architecture et de l'Urbanisme (ministère de l'Equipement, du Logement, de l'aménagement du territoire et des Transports).

Quelques recommandations

Se conformer strictement à la réglementation applicable à l'intérieur des Parcs nationaux et régionaux et à celle qui concerne le camping. Se renseigner auprès des autorités compétentes (gardes, maires, agents de l'ONF).

Tenir les chiens en laisse, surtout à proximité des habitations et des troupeaux, ainsi qu'en forêt et dans les parcs où une réglementation sévère existe.

Il est demandé aux randonneurs de ne pas utiliser, tant à la montée qu'à la descente, les raccourcis qui engendrent la naissance de ravines que les eaux de ruissellement amplifient rapidement, ce qui peut avoir des résultats catastrophiques sur l'état du sol, la pérennité de la végétation et la survie du sentier.

Il est possible d'effectuer le Tour du Queyras dans le sens inverse de la description ou à partir d'un autre point de départ.

Accès aux itinéraires

La « porte d'accès » au Tour du Queyras, que l'on vienne en voiture ou par le train, sera le plus souvent Guillestre (Gare de Montdauphin-Guillestre) sur la ligne de Briançon, voitures directes depuis Paris, Grenoble ou Marseille.

Guillestre possède plusieurs hôtels, plusieurs terrains de camping, une auberge de la jeunesse. On y trouvera tous commerces, une piscine, un syndicat d'initiative.

De Guillestre partent différentes lignes d'autocars pour les localités traversées par le Tour du Queyras.

— Cars Imbert (tél. 04 92 45 18 11 à Guillestre) pour Abriès par Aiguilles et aux embranchements menant aux hameaux de Bramousse et de Montbardon.

— Cars Petit Mathieu (tél. 04 92 46 71 56 à Ville-Vieille) pour Saint-Véran.

— Cars Favier (tél. 04 92 45 07 71 à Ceillac) pour Ceillac.

Taxis

— Ceillac : Favier (tél. 04 92 45 07 71).
— Saint-Véran : M. Meynet (tél. 04 92 45 81 39).
— Château-Ville-Vieille : Audier (tél. 04 92 46 70 61).
Petit Mathieu : Service Sherpa (tél. 04 92 46 71 56).
— Vars : Dominique (tél. 04 92 46 53 10).

Ambulances

— Ambulances du Queyras (tél. 04 92 45 82 85).

Hébergements

Au cours de la description, les hébergements (gîtes d'étape, refuges, campings, hôtels) sont signalés. Dans la liste ci-dessous, les gîtes d'étape et refuges sont classés par nom de lieu et dans l'ordre du déroulement de l'itinéraire.

Les cabanes pastorales situées entre deux étapes, qui peuvent servir de dépannage, doivent être laissées en état de propreté. Il est recommandé de renouveler la provision de bois et de prendre soin, avant de partir, de fermer les portes et les fenêtres.

Sur le GR 58

- Ceillac (05600)
  Gîte GTA *Les Baladins,* J. et B. Fournier, tél. 04 92 45 00 23, 72 places, ouvert du 1/06 au 30/09 et du 1/12 au 30/04. Restauration.
  Gîte *La Cime du Mélézet,* (hors GR), tél. 04 92 45 19 12, 18 places, ouvert toute l'année sur réservation.
  Hôtels, restaurants, camping : renseignements à l'Office du Tourisme, tél. 04 92 45 05 74.
- Saint-Véran (05350)
  Gîte GTA *Le Chant de l'Alpe,* S. Brunet, tél. 04 92 45 86 59, 25 places, ouvert toute l'année sur réservation.
  Restauration en juillet et en août. Gestion libre en hiver uniquement.
  Gîte GTA *Les Gabelous,* J. et B. Meynet, tél. 04 92 45 81 39, 46 places, ouvert début juin au 20/09 et de Noël au 20/04.
  A La Chalp-de-Saint-Véran : gîte-hôtel *Le Monchu,* P. et N. Babinet, tél. 04 92 45 83 96, 13 places en gîte, 53 places en chambres. Restauration, pas de gestion libre, ouvert du 22/12 au 06/04 et du 07/06 au 15/09.
  Maison Familiale *Les Perce-Neige,* V. Mathieu, tél. 04 92 45 82 23, 40 places. Restauration sur réservation, ouvert du 20/12 au 15/04 et du 15/06 au 15/09.
  Hôtels, restaurants : renseignements à l'Office du Tourisme, tél. 04 92 45 82 21.
- Molines-en-Queyras (05350)
  Gîte d'étape *Chez Sixte,* (hors GR) M. Vaire-Piova, tél. 04 92 45 81 16, 20 places, dortoirs, hors sac possible, ouvert toute l'année.
  Gîte-hôtel *La Maison de Gaudissart* (hors GR), M. Herry, tél. 04 92 45 83 29, 14 places en gîte, 39 places en hôtel. Restauration, ouvert du 22/12 au 08/04 et du 15/06 au 15/09, gîte en gestion libre hors saison.
  Au col Agnel : refuge GTA, C. et F. Laget, tél. 04 92 45 83 90, 68 places, gardé du 15/06 au 15/09, du 26/12 au 1/01 et du 25/01 au 15/04. Restauration pendant ces périodes, hors saison : un local est ouvert à la demande pour les groupes.
- Ristolas (05460)
  Gîte-hôtel GTA *Le Queyr' de l'Ours,* F. Martin, tél. 04 92 46 76 07, 40 places et 28 en hôtel, ouvert toute l'année sur réservation, restauration.
- La Monta (05460 Ristolas)
  Gîte-refuge GTA, M. Soisson, tél. 04 92 46 71 35, 48 places, pas de gestion libre, ouvert toute l'année, sur réservation hors saison.

- Abriès (05460)
Gîte d'étape GTA *Le Villard,* M. Di Marco, tél. 04 92 46 71 14, 46 places, fermé du 20/09 au 20/12. Restauration, salle hors sac.
Hôtels, restaurants, camping : renseignements à l'Office du Tourisme, tél. 04 92 46 72 26.

- Cervières (05100)
Aux Fonts-de-Cervières : gîte-refuge GTA, G. Faure, tél. 04 92 21 32 82, 62 places, ouvert en mars/avril et du 15/06 au 15/09, restauration, local non gardé ouvert toute l'année.

- Château-Ville-Vieille (05350)
– A Souliers : gîte d'étape GTA *Le Grand Rochebrune*, M. Blais, tél. 04 92 46 76 90, 45 places en gîte et 2 chambres, ouvert toute l'année sur réservation.
– Hors GR, à Ville-Vieille : gîte d'étape *Les Astragales,* M. Guillemin, tél. 04 92 46 70 82, 49 places, ouvert toute l'année sur réservation, restauration.
– Hôtel-gîte *Le Guilazur,* tél. 04 92 46 74 09, 48 places, ouvert du 15/12 au 30/03 et du 10/05 au 20/10.
– Hors GR, à Prat-Haut : *Chalet Vie Sauvage,* R. Veillet, tél. 04 92 46 71 72, 14 places, ouvert de Noël à la Toussaint, restauration.
– A Montbardon : gîte d'étape GTA *Le Cadran Solaire*, M. et C. Laurans, tél. 04 92 46 70 78, 49 places, restauration, fermé du 10/09 au 20/12 et du 01/04 au 01/05. Ravitaillement en repas pique-nique.
– A Bramousse : gîte d'étape *Le Riou Vert,* M. et E. Tonda, tél. 04 92 46 72 45, 30 places, ouvert du 01/05 au 30/09, restauration. Ravitaillement en repas pique-nique.

- Arvieux (05350)
– Camping municipal, tél. 04 92 46 72 81 ou 04 92 46 79 15.
– A Brunissard : gîte d'étape GTA *Les Bons Enfants,* Mme Philip, tél. 04 92 46 73 85, 24 places, ouvert toute l'année.
– A la Chalp : gîte d'étape GTA *La Teppio,* M. Sibille, tél. 04 92 46 73 90, 29 places, ouvert toute l'année, hors sac possible, dortoir, chambres, restauration.
– A la Chalp : gîte-hôtel *La Borne Ensoleillée,* M. Durosne, tél. 04 92 46 72 89, 12 places, ouvert du 20/12 au 30/09, restauration, pas de gestion libre.
– A la Chalp : gîte d'étape *Le Chalet Viso,* M. et C. Hutter, tél. 04 92 46 85 77, 28 places en dortoir et chambres d'hôtes, ouvert toute l'année, restauration, gestion libre.
– A Villargaudin (hors GR) : gîte d'étape *La Fruitière,* C. Gasdon, tél. 04 92 46 84 86, 16 places en dortoir et chambre, restauration, ouvert toute l'année sur réservation.
– Aux chalets de Furfande : chalet-refuge, tél. 06 16 56 23 79 ou 04 92 45 25 44, 35 places, ouvert du 15/06 au 20/09, restauration.

Sur le GR 58 A

- Aiguilles (05470)
  – Gîte-hôtel *Le Bellevue,* Mme Pras, tél. 04 92 46 73 35, 36 places, restauration, ouvert de décembre à mars et de juin à septembre.
  – Gîte d'étape *La Petite Auberge,* C. et J. Bonetti, tél. 04 92 46 81 60, 12 places, ouvert de décembre à avril et de juin à septembre.
  – Gîte d'étape *Les Clarines des Neiges,* F. Olivreau, tél. 04 92 46 74 04 et 06 13 02 54 34, 38 places, ouvert toute l'année, restauration sur demande.
  – Hôtels, restaurants, O.T. tél. 04 92 46 70 34.
- Château-Ville-Vieille (05350)
  A Ville-Vieille (hors GR) : voir GR 58.

Sur le GR 58 B

- Ciabot del Pra (Italie)
  Refuge CAI Jervis, tél. 00 390 121 93 27 55, 36 places. Un local situé à 100 m reste ouvert en permanence (matelas, couvertures). Auberge Cialotta del Pra (M. Cairus) : restauration et hébergement, tél. 00 390 121 95 34 77.
- Ristolas (05460) : au village et à La Monta : voir GR 58.
- Abriès (05460) : voir GR 58.

Sur le GR 58 C

- Molines-en-Queyras (05350), au Col Agnel : voir GR 58.
- Refuge du Mont Viso (Ristolas 05460)

  Refuge CAF, J. Fouchard, tél. 04 92 46 81 81, ouvert au mois d'avril et du 15/06 au 15/09, réservation obligatoire. Un local reste ouvert en dehors de cette période, mais sans eau, sans électricité et sans gaz.
- Refuge Granero (Italie), tél. 00 390 121 91 760 ou 00 390 121 93 22 25.
  Refuge du Club Alpin Italien, tél. 00 390 12 19 17 60.
- Ciabot del Pra (Italie) : voir GR 58 B.

Sur le GR 58 D

- Ristolas (05460) : au village et à La Monta : voir GR 58.
- Abries (05460)
  Au Roux : gîte d'étape *Le Cassu,* D. Sabatier, tél. 04 92 46 74 30, 54 places, ouvert saison été et hiver, sur réservation hors période, restauration.
- Cervières (05100) : voir GR 58.

Pour une mise à jour de cette liste, on peut consulter le Comité départemental de la Randonnée pédestre des Hautes-Alpes : 7, rue du Four-Neuf à Gap (05000).
Tél./Fax : 04 92 53 65 11 ; Email : cdrp05@wanadoo.fr ; site : www.cdrp05.fr.st.

Le Parc du Queyras

L'objet d'un Parc naturel régional est de concilier la rénovation économique et sociale de la région territoriale intéressée avec la sauvegarde et la mise en valeur du milieu naturel et humain.

La Parc naturel régional du Queyras, créé en 1977, n'a cessé de fonder ses activités sur ces principes tout en affirmant, au nom même de la sauvegarde du patrimoine dont il est tout à la fois comptable et garant, la profonde originalité de ce haut pays.

Cette originalité de la région habitée la plus haute d'Europe n'apparaît pas seulement dans la richesse du milieu naturel et la qualité de l'architecture traditionnelle mais aussi dans l'idée que ses habitants se font de l'avenir de leur « pays », de leur avenir.

C'est à la découverte en profondeur de ce pays « fier de son passé et confiant dans son avenir » que le GR 58 invite le randonneur qui rencontrera, chemin faisant, d'autres marcheurs venus d'autres pays et surtout d'authentiques habitants qui n'ont pas renié leurs origines paysannes pour devenir les acteurs principaux du tourisme en Queyras.

L'artisanat du bois sculpté s'est très largement développé et l'élevage utilise encore la plupart des terres, des prairies, des alpages dont l'entretien est un gage de succès pour le tourisme de l'an 2000, cependant que des produits de qualité (fromages, miels, etc.) deviennent les ambassadeurs du Queyras sur la table de nos hôtes.

Pour sensibiliser les jeunes Queyrassins aux richesses de leur environnement et satisfaire la curiosité des centaines de milliers de touristes qui fréquentent désormais le Queyras en toute saison, des publications, des expositions, des sentiers thématiques ont été créés qui permettent à tous de mieux connaître ce patrimoine pour le mieux respecter, pour le mieux protéger.

Hier terre d'élection d'une poignée de randonneurs et de scientifiques « initiés », le Queyras est devenu un centre touristique important dont le Parc naturel régional avec la discrétion qu'on lui reproche parfois et l'efficacité attestée par les réalisations et les chiffres poursuivra l'animation et l'orientation des objectifs de développement.

Expositions

— Château-Queyras : dans la crypte, exposition de Géologie « Les frissons de la terre » ; visite du château.

— Ceillac : dans la chapelle des Pénitents, exposition « Vie religieuse et Vie quotidienne » ;

— Saint-Véran : visite du Soum (maison ancienne).

Sorties de Découverte

— Départ Roche Écroulée - Sorties Faune Flore ;

— Offices de tourisme.

Sentiers Écologiques

— Ville-Vieille : Sentier des Astragales ;

— Ristolas : Roche Écroulée, Sentier du Pré Michel ;

— Abriès : Sentier des pierres écrites.

La région traversée

Le Queyras est constitué essentiellement par le bassin du Guil, qui prend sa source au pied du mont Viso et se jette dans la Durance à Montdauphin.

Le Queyras fait saillie dans le territoire italien qui l'entoure à l'est, au nord et au sud, et avec lequel il ne communique que par des sentiers franchissant des cols situés entre 2 273 m pour le plus bas, le col de la Croix, et 2 914 m pour le plus élevé, le col de la Traversette.

Le Queyras est relié au reste du territoire français par une route unique qui, après avoir dominé les impressionnantes gorges du Guil, s'arrête au-delà du village de Ristolas au belvédère d'où l'on découvre le mont Viso (3 841 m) entouré d'un splendide panorama. La route du col Izoard qui fait communiquer le Queyras avec le Briançonnais n'est ouverte que pendant quelques semaines en été, ainsi que la route du col Agnel qui communique avec la vallée italienne de la Varaïta.

Si, historiquement, la vallée du Cristillan qui descend de Ceillac dépendait jadis de l'archevêché d'Embrun, elle est géographiquement associée au Queyras ; elle est rattachée au canton de Guillestre, mais le district du Queyras englobe la commune de Ceillac.

Une magnifique région de montagne

Le Queyras n'est pas un pays austère : peu de régions de montagne sont aussi riantes; de grandes et belles forêts de pins et de mélèzes entourent des prairies dont l'éblouissante éclosion florale du mois de juin est connue de tous les botanistes du monde.

Les eaux y sont abondantes; de nombreux lacs alimentent torrents et cascades, au pied des murailles rocheuses et des pics enneigés. C'est l'Engadine française.

Le Queyras est situé dans les Alpes du Sud : c'est déjà le midi. La région est connue pour bénéficier d'excellentes conditions de luminosité, avec en moyenne 300 jours d'ensoleillement par an. La saison d'hiver y est de ce fait aussi agréable que la saison d'été.

L'agriculture et l'élevage continuent à y être pratiqués, parallèlement au développement du tourisme et des sports d'hiver. Les prairies sont soigneusement fauchées jusqu'en altitude, grâce à la présence de hameaux groupant des chalets souvent séculaires autour d'une chapelle ancienne.

Les montagnards méridionaux

La population y est à la fois accueillante et avisée. Le Queyrassin est un montagnard méridional; du montagnard il a la vigueur, l'équilibre, l'ardeur au travail; du méridional l'intelligence subtile, l'amabilité et la gaîté.

On sera partout reçu avec cordialité, et avec le désir sincère d'aider le touriste, de lui faciliter la vie et de lui être agréable.

La faune

On trouve, dans le Queyras, à peu près toutes les variétés de la faune de montagne.

Le chamois y abonde; pour avoir la chance de contempler en pleine nature une harde ou une biche avec son faon, il est recommandé d'aborder, lentement et en silence, les cols ou les épaulements d'où on découvre une nouvelle vue.

Les marmottes sont nombreuses; elles creusent leurs terriers sur les flancs pierreux, et souvent dans le rebord même du sentier. Elles y dorment jusqu'au printemps. Quand elles aperçoivent un mouvement anormal dans le paysage, elles s'avertissent réciproquement par des sifflements stridents.

Dans les bois de mélèzes vit le tétras-lyre, vulgairement appelé petit coq de bruyère ; il se tapit au pied des arbres ou dans les rhododendrons et les airelles, et ne se décide à partir que dans les pieds du promeneur, pour plonger d'un coup dans la pente.

Plus haut, au pied des falaises, à portée d'un lac ou d'une mare, se tiennent les lagopèdes appelés, à tort, perdrix blanches, puisqu'il s'agit également de tétras. Dans le pays on les appelle aussi les jalabres. Elles ne se laissent pas approcher et, dès l'alerte, s'envolent en montant vers les hauts sommets. Enfin, dès le début de l'automne, on rencontre le lièvre blanc ou lièvre variable qui, à l'approche de la neige, change de couleur par un phénomène de mimétisme, afin de se camoufler à la vue de ses ennemis.

La végétation

Compte tenu des différences d'exposition, c'est l'altitude qui permet de distinguer des étages de végétation.

1. Au-dessus de 700 à 800 mètres et jusque vers 1 400-1 500 mètres se situe l'étage montagnard, boisé tantôt en hêtres et sapins dans les régions humides, tantôt en pins silvestres, en pays plus sec comme le Queyras, encore soumis aux influences méditerranéennes. La limite supérieure de la forêt, qui atteint 1 600 m dans les grands massifs, s'arrête ici vers 1 400 m pour céder la place aux pelouses alpines utilisées comme pâturages.

2. L'étage subalpin est occupé, partout où la pente le permet, par un pâturage de hautes herbes parsemé de fleurs. La forêt subalpine est formée de mélèzes à 70 % et de pins, en particulier d'arolles et de pins à crochets, couvrant de grands espaces.

3. - Au-dessus de 2 000 m, quand on dépasse la zone subalpine, la végétation forestière disparaît, la flore s'appauvrit, formant différents types de pelouses.

Quelques notes d'histoire

Situé en plein cœur des massifs intra-alpins, le Queyras est, à la fois, une terre de refuge et une terre de passage.

Il fut d'abord le pays d'une seule tribu, celle des Quariates. Le général Guillaume a soutenu avec talent la thèse du passage d'Hannibal par le col de la Traversette qui joint la haute vallée du Guil à l'Italie.

Il fut une terre d'asile pour les Vaudois persécutés et un lieu de passage pour le chevalier Bayard en route vers Marignan.

Mais c'est aussi une terre qui, au-delà des querelles des grands et des frontières artificielles, s'est voulue fraternelle avec les hommes de l'autre versant.

Durant près de trois siècles, de 1059 à 1343, l'histoire du Queyras se confond avec celle du « Grand Escarton Briançonnais », véritable république qui groupa cinq Escartons dont deux : le Briançonnais et le Queyras sur le versant français et trois dans les vallées de la Doire Ripaire, du Cluson et de la Varaïta sur le versant aujourd'hui italien.

En 1343, c'est le rattachement à la couronne de France, mais les libertés et les franchises communales sont maintenues. Avec les guerres d'Italie, on entre dans une période difficile. En 1515, François Ier engage ses armées par les cols de Vars, de Larche et Agnel et, par la Varaïta, pénètre dans la plaine du Pô. En 1562, c'est au tour du duc de Savoie d'utiliser les cols de Larche, de Vars, de Saint-Martin et de la Croix, mais cette fois en sens inverse.

En 1713, le traité d'Utrecht abandonne au duc de Savoie, en dépit de leurs protestations, les trois Escartons du versant italien en échange de la vallée de Barcelonnette.

En 1713, au cours de la guerre de Succession d'Espagne, c'est le général espagnol Las Minas qui, par les cols Agnel et Saint-Véran, tente en vain de pénétrer dans la vallée de la Varaïta.

C'est en 1748, après un nouvel échec subi par le maréchal de Belle-Isle sur les hauteurs de l'Assiette, entre Suse et Le Cluson, que le traité d'Aix-la-Chapelle met fin aux guerres d'Italie.

A ces diverses épreuves s'ajoutèrent durant des siècles celles des luttes religieuses contre l'hérésie vaudoise d'abord, et la Réforme ensuite.

En 1587, le connétable de Lesdiguières s'empare de Château-Queyras sous la menace de pièces d'artillerie transportées à dos de mulets depuis Ceillac par le col de Fromage. Après l'Édit de Nantes, un calme relatif s'établit dans le pays, mais la révocation provoque l'exil de nombreuses familles protestantes.

La Révolution de 1789 n'entraîne aucun trouble dans le pays. Les Queyrassins ne prennent les armes que pour s'opposer aux incursions de l'armée autrichienne.

Tout au long du XIXe siècle, dans le calme revenu, la vie continue à l'écart des mutations économiques, comme c'est le cas pour beaucoup de provinces françaises.

En 1914-1918, la population du Queyras paye un lourd tribut à la guerre et celle de 1939-1945 inflige à nouveau au pays de dures épreuves.

Aux horreurs de la guerre se sont ajoutées, au cours des siècles, les catastrophes naturelles dont la dernière en date est la grande inondation de 1957.

Aujourd'hui le Queyras s'équipe pour devenir une région de tourisme d'été et d'hiver et ajouter ainsi l'activité touristique à l'activité agricole traditionnelle.

L'ensemble du territoire du Queyras est constitué en parc naturel régional géré par un Syndicat mixte dont le président est M. Pierre Eymeoud.

GR 58
Tour du Queyras

Ceillac (1639 m) - Repère Z - voir carte p. 48

Au confluent du Cristillan et du torrent du Mélézet, sur le D 440. C'est un charmant village de montagne, typique du Queyras qui, très fréquenté l'été, est devenu une station de sports d'hiver en pleine expansion.

Eglise Saint-Sébastien, église Sainte-Cécile.

Ceillac est, avec le hameau de Brunissard, un point de croisement des sentiers GR 5 et GR 58.

Épiceries - libre-service - boulangerie - boucherie - journaux - librairie - souvenirs - magasins de sport location de skis - École de ski français - PTT - Crédit agricole.

Tennis - terrain de camping. Taxi, hôtels, gîte d'étape. Cars pour la gare Montdauphin-Guillestre.

Sortir de Ceillac par le nord-est, en suivant la route qui longe la rive droite du Cristillan, 100 m après les dernières maisons prendre à gauche le sentier balisé qui rejoint une route en terre et qui, de niveau en dominant le Cristillan, atteint la chapelle Sainte Barbe et le hameau en ruine du

Villard - Repère A -

A la sortie de ce hameau, on trouve à gauche (nord) les marques du GR 5 qui se dirige vers le col Fromage (flèches). On peut rejoindre Saint-Véran par le GR 5 jusqu'à Fontaine-Rouge, puis par le col des Prés de Fromage, la Chapelle de Saint-Simon et La Chalp-Sainte-Agathe (auberge - gîte d'étape).

Continuer tout droit la route de terre vers l'est, laisser à droite un chemin qui redescend vers le Cristillan. La route traverse le ravin du torrent de Rasis coupé de petits barrages destinés à calmer son cours impétueux lors de la fonte des neiges. On atteint de niveau le hameau du Tioure serré autour de sa chapelle (Saint-Barthélémy) et récemment détruit par une avalanche.

Le chemin continue en s'élevant, passe à côté d'une chapelle et des quelques chalets en ruine de l'ancien hameau de Rabinous, coupe deux ruisseaux et atteint auprès d'un beau bouquet de mélèzes un bel emplacement de camp. Laissant le chemin à flanc, se diriger vers les chalets des Chalmettes, le GR 58 prend à gauche et monte la ligne de plus grande pente sur 75 m environ pour faire ensuite des lacets sur une épaule herbeuse. Négliger à gauche un premier chemin bien tracé qui conduit au col de Fromage pour se diriger vers l'est par une sente dans les herbages. On passe à l'origine d'un vallon (source) et on revient vers le nord-ouest et par un grand lacet on arrive au col des Estronques.

IGN carte N° 3537 3637
R E G I O N A L D U
Molines-en-Queyras
Pierre Grosse
Fontgillarde
Ville-Vieille
la Rua
Prat Hauts
Prats Bas
le Coin
Château-Renard
le Château Clément
Pic du Fond de Peynin
2912
Pic Coni Borni
2884
Bois Foran
Forêt de Chanteloube
Crête du Calme
le Mourre Froid
Bois de Peyrola
Bois des Lauzières
le Vallon de Rasis
Crête de la Lauze
la Lauze
les Cougnes
Clot San Peyre
Plate de Rasis
Vallon de l'Aiguillette
la Roche Rousse
Crête des Chalanchettes ou de Caramagne
Sommet de Batailler
Crête de Peyre Nière
Bois de St-Simon
Chapelle de St-Simon
Bois de Pisan
Bois de l'Ubac
Bois de la Salce
Bois des Faures
Bois des Amoureux
Col des Prés de Fromage
Gaudissard
l'Adret
le Serre
les Espeyrias
le Serre des Chabrands
Coste Arène
Délioras
la Gardiole de l'Alp
2786
la Grande Baiche
la Meyrio
Gambarel
Combe de Gambarel
Chanaroux
Combe d'Eymard
Pra Soubeyran
Martueille
Caramagne
Génébrio
Pont de Chanterane
Pont de Lariane
Rocher d'Annibal
le Bouichet
Téléski de Beauregard
Peynin
Bois de la Levette
la Lune Ronde
les Ondes
Pic Arnaudet
Ravin des Rabières
Ravin du Four à Chaux
D 5
D 205 T
D 947

St-Véran
0,3
C
B
D
Variante
GR 58
Beauregard
Pic de Château Renard
2989
Observatoire du Pic de Château Renard
Col de Longet
Pic Traversier
Traversier
Casse du Queyron
le Queyron
Vallon de Clausis
Chaîne Vive
la Souchière
Bois de Colombe
Font du Renard
Cabane de Pinilière
la Cabane de Cornivier
Ancienne mine de cuivre
Cabane de Labounnais
l'Ours
le Suffie
Chapelle Ste-Elisabeth
Douane
Chapelle de Clausis
la Roche Ronde
Bois de la Selle
les Chabres
la Moutière
les Mayts
les Chalanches
Vallon de Longet
Tête de Longet
3146
Pas de la Cula
3121
Tête de la Cula
Col de la Cula
la Cula
Crête de Coq
Pic de la Farneireta
3134
Pas de la Farneireta
Clausicet
Col Nord du Cristillan
Anc. Cabane des Douanes
Pointe des Avers
3089
le Rocher Blanc
Pic Marcel
Sommet Jacquette
Pointe des Marcelettes
2900
Chat Marcel
Pic Cascavelier
Cascavelier
Crête de Curlet
Cabanes de Lamaron
Bois du Moulin
Pont du Moulin
le Raux
le Villard
le Cros
les Foranes
la Chalp
Ronde
Cabane du Puy
Pointe de Rasis
2844
Crête de Rasis
Costes du Puy
la Rousse
Pointe de la Selle
l'Ecuelle
le Passet
Col des Estronques
2757
Tête de Jacquette
Font Garnier
Vallon du Pis
Vallon du Châtelard
Crête de la Blavette
Crête de Tancinion
les Chalmettes
Drave de Chaleur
Ravin de Chalgrand
la Troune
Grissonnets
le Serre
la Plane
le Rioufenc
le Bois Noir
les Claux
Bergerie du Bois Noir
le Coin
Coste Belle
la Lavine
Ravin de Beaubarnon
Vallon de Beaubarnon
le Cros de Beaubarnon
le Marcous
Crête de l'Aup
2685

3 h 30 - *Col des Estronques* *(2 651 m)*

Descendre nord-nord-est dans la rocaille puis les pâturages. On aperçoit, dans une échancrure, le hameau de Pierre-Grosse dépendant de la commune de Molines et on arrive dans une cuvette herbeuse. Le GR se rapproche à droite d'un ruisseau *(alors qu'une variante prend à gauche dans le ravin pour retrouver le GR normal lorsque celui-ci aura traversé le rif de Lamaron).* Le GR atteint un beau bois de mélèzes que l'on traverse sur la gauche. Franchir le rif de Lamaron *(jonction avec la variante).* Passer au-dessous d'une cabane en pierre puis au-dessous d'une autre en tôle peinte en vert (fermée), et en traversant la prairie sur la droite, se rapprocher du rif de Lamaron en le dominant. La piste suit la rive gauche du torrent en faisant de nombreux lacets dans les schistes (faire attention par temps de pluie).

Par une passerelle on franchit d'abord le rif de Lamaron, puis, à gué, près de leur confluent, les rifs des Flottes et de Chatelard. On atteint ainsi une belle prairie en pente douce que l'on descend à gauche. En prenant à droite, rejoindre un bon chemin d'exploitation en lisière de la forêt qui, en descendant, mène au torrent de l'Aigue Blanche (1 849 m) que l'on franchit au pont du Moulin (1 849 m)

A 2 km en aval du pont, on atteint La Chalp-Sainte-Agathe (auberge - gîte d'étape; sculpteur sur bois).

100 m après le pont, s'engager à droite sur le raidillon qui monte jusqu'aux chalets du hameau le Raux. A proximité de la chapelle un autre raidillon grimpe dans les prés coupant un lacet du D 5 (à proximité d'une grande croix portant les attributs de la Passion). Prendre le D 5 à droite sur 400 m pour atteindre le village de

2 h 30 - *Saint-Véran* *(2 020 m)* - Repère C -

Station de tourisme d'été et d'hiver. « La plus haute commune d'Europe où est donné le pain de Dieu », telle est approximativement la mention portée sur l'un des cadrans solaires de la localité, établi le long de la route. On y verra la belle église entourée de son petit cimetière, des chalets caractéristiques avec, à l'étage, les grands séchoirs à fourrage en bois et des expositions de mobiliers anciens.

Gîtes d'étape, PTT, tous commerces.
Hôtels-restaurants, ravitaillement.
Car pour Guillestre, taxis.

Entre Saint-Véran et le refuge du col Agnel c'est une étape assez longue si on emprunte la variante par le col de Saint-Véran.

Sur l'itinéraire direct par le col de Chamoussière, la descente demande une certaine attention.

Prendre à l'est du village de Saint-Véran la route empierrée qui conduit à Clausis. Au premier ravin (ruisseau de Sainte-Luce), prendre à droite le chemin qui descend vers le torrent de l'Aigue Blanche que l'on franchit

(1 953 m). En suivre longuement vers l'amont la rive gauche (nombreux emplacements de camp) par un agréable sentier ombragé. On arrive à une sorte de bassin où le rif des Lacs se jette dans le torrent de l'Aigue Blanche à proximité des ouvrages d'une mine de cuivre. Continuer sur la rive gauche de l'Aigue Blanche, la pente se fait plus raide et on atteint la route venant de Saint-Véran au

2 h - *Pont sur l'Aigue Blanche (2 340 m)*

Le balisage blanc-rouge peut être doublé par un balisage jaune.

Le GR prend en aval du pont sur l'Aigue Blanche et monte vers le nord-est entre de gros blocs de rochers. On coupe un ancien canal d'irrigation et l'on rejoint un ruisseau.

Le GR franchit le ruisseau. On monte à flanc d'un épaulement herbeux; on débouche dans une cuvette où se rejoignent plusieurs ruisseaux.

30 mn - *Confluent de ruisseaux (2 491 m)* - Repère D -

Séparation des deux itinéraires GR, tous deux balisés en blanc-rouge qui se rejoignent au col de Chamoussière.

Itinéraire direct en suivant le rif de Chamoussière

A la jonction des ruisseaux, sans traverser le rif de Chamoussière, remonter la rive droite vers le nord. Le sentier fait des lacets, passe au-dessous d'une cabane de berger, revient près de la rive droite du torrent, dominé à droite par les rochers des Marrons (2 711 m) et dans la caillasse atteint le

1 h 30 - *Col de Chamoussière (2 884 m)*

Itinéraire par le col de Saint-Véran

A la jonction des ruisseaux, traverser le rif de Chamoussière et le ruisseau descendant du col de Saint-Véran pour remonter rive gauche. On atteint un premier plateau (sur la gauche, dans la pente des rochers des Marrons (2 711 m), importante colonie de marmottes) et par une série de lacets, on atteint un second plateau caillouteux, puis le

1 h 30 - *Col de Saint-Véran ou de la Cavale (2 844 m)*

Frontière franco-italienne, très belle vue sur le mont Viso, le val de Chianale en Italie avec, tout au fond, le lac de Maddalena.

Fin des balisages blanc-rouge et jaune.

Suite page 30.

© IGN carte N°3637
Pic du Fond de Peynin
2912
Col du Fond de Peynin ou des Chalanches
le Vallonnet
Montagne de Ségure
2990 Pic Ségure
la Platiole
F
le Grand Clotas
le Sparveyre
3002
Lacs Lacroix ou de Ségure
Cloussine
Plan de l'Alpe
Crête des Chalanchettes ou de Caramagne
Caramagne
Plate de Rasis
Col de Ségure
Vallon de l'Aiguillette
Brèche de l'Aiguillette
Col du Clot du Poulain
le Clos du Poulain
Bals de Barbebouc
la Roche Rousse
3114
le Grand Queyras
Crête des Fonzes
Oratoire de Notre-Dame du Berceau
le Cros
D 205 T
l'Anjurianne
les Chalanches
Pic de Foréant ou Pointe des Fonzes
3081
Lacs de l'Eychassier
Casse Ronde
Lac de derrière la Roche
Bergerie des Tioures
le Devez
Clot Méa
Col de l'Eychassier
Crête de l'Eychassier
Rouchas Frach
2989
Observatoire du Pic de Château Renard
Vallon de Clausis
Crête de la Lauzière
l'Adroit de Vel
E
le Refuge Napoléon
Refuge Agnel
Col de Longet
Pic Traversier
Traversier
Casse du Queyron
Pic de Cornivier
Pointe des Sagnes Longues
le Rouchon
le Queyron
3032
Col de Berre
1
Col Agnel
2744
Cabane des Douanes
Cabane de Pinilière
la Cabane de Cornivier
Ancienne mine de cuivre
Chamoussière
Col de Chamoussière
GR58
Pic de Caramantran
3025
3021
la Roche Ronde
Douane
D
Variante
Bois de la Selle
Chapelle de Clausis
Rocher gravé
2844
Col de St-Véran ou de la Cavale
les Chabres
les Mayts
la Moutière
Cabane de la Blanche (Refuge communal)
Lac de la Blanche
Lacs Blanchet
3059
Rocca Bianca
Vallon du Blanchet
les Chalanches
Longet
3146
Clausicet
2897
Col Blanchet
Crête de Coq
Col de la Cula
la Cula
Pas de la Farnéiréta
Pic de la Farnéiréta
3134
Col de la Noire
3175
Tête des Toillies ou Tête Noire
3039
la Petite Tête Noire
Gr. Chevron
Vallon de S. Veran
Salsettes
Vallone del Nigro
Gr. Pic Sorto Bianca
Gr. Pian Vas
Gr. dell' Antolina

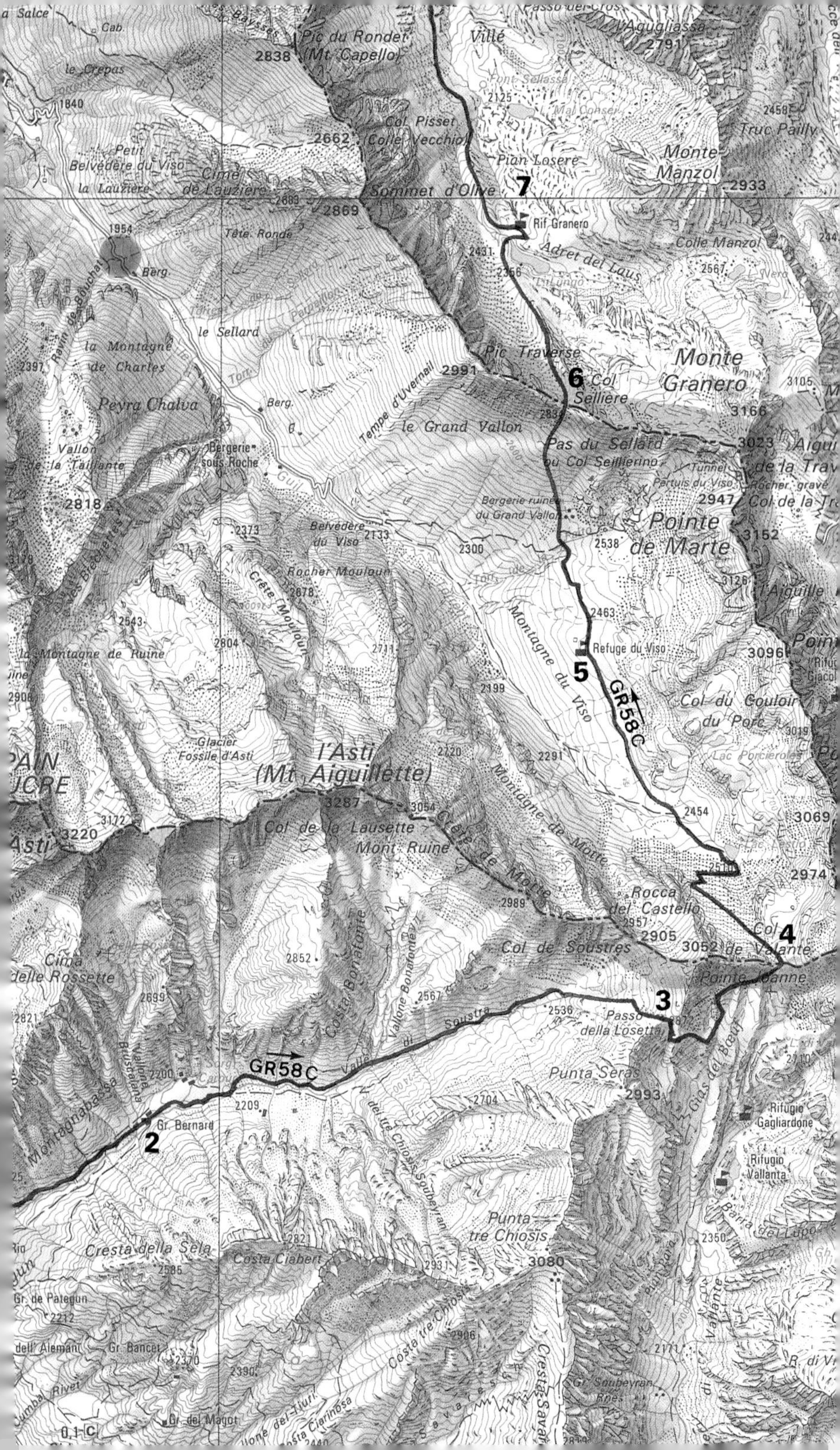

Pic du Rondet
(Mt Capello)
2838
Villé
Aguglìassa
2791
le Crepas
1840
Col Pisset
(Colle Vecchio)
2662
Pian Losere
Monte
Manzol
2933
Truc Pailly
2458
Petit
Belvédère du Viso
Cime
de Lauzière
la Lauzière
Sommet d'Olive
7
2869
2889
Rif Granero
1954
Tête Ronde
Berg.
Adret del Laus
Colle Manzol
2431
2356
2567
le Sellard
Pic Traverse
Monte
Granero
la Montagne
de Charles
2391
2991
6
Col
Sellière
3105
Peyra Chalva
Tempe d'Uvernail
le Grand Vallon
2834
3166
Berg.
Pas du Sellard
ou Col Sellierino
3023
Vallon
de la Taillante
Bergerie
sous Roche
Tunnel
Pertuis du Viso
Rocher grave
2947
Col de la Tr
2818
Bergerie ruinée
du Grand Vallon
Pointe
de Marte
2373
Belvédère
du Viso
2133
2300
2538
3152
Rocher Mouloun
Crête Mouloun
2678
3126
2543
2463
la Montagne de Ruine
2804
2711
Refuge du Viso
5
3096
GR58C
Montagne du Viso
2199
Col du Couloir
du Porc
3019
Glacier
Fossile d'Asti
2120
2291
Lac Porcieroles
l'Asti
(Mt Aiguillette)
Montagne de Motte
3287
3054
2454
3069
3172
3220
Col de la Lausette
Mont Ruine
Crête de Motte
2510
2974
2989
Rocca
del Castello
2957
2905
3052
Col
4
de Valante
Col de Soustres
Pointe Joanne
Cima
delle Rossette
2852
Costa Bonafonte
Vallone Bonafonte
2699
2567
2536
3
Passo
della Losetta
2821
2200
GR58C
Vallone di Soustra
Punta Seras
2993
2209
2704
Gr. Bernard
2
Rifugio
Gagliardone
Rifugio
Vallanta
Montagnabassa
Punta
tre Chiosis
2821
2350
Cresta della Sela
Costa Ciabert
2931
3080
2585
Barra del Lupo
Gr. de Pategun
2212
Costa tre Chiosis
2906
dell' Aleman
Gr. Bancet
2370
2390
2171
Costa Ciarinosa
Cresta Savaresch
Gr. Soubeyran
Gr. del Magot

Suivre vers le nord les traits bleus qui conduisent sur l'arête sud-est du pic de Caramantran (3 026 m). Infléchir bientôt sur la gauche et commencer de traverser (en légère montée) un pierrier. On contourne le pic de Caramantran par son versant nord. *Très beaux minéraux.* On atteint un plateau où la marche est plus aisée. *Aller jusqu'au rebord nord de ce plateau, belle vue sur le petit cirque limité à droite par le col Agnel, au nord le col Vieux et la crête de l'Eychassier, le pic Foréant, etc. Au centre de ce cirque se trouve le refuge GTA du col Agnel.* Descendre sur la gauche le long de l'arête. Par de raides éboulis qui ramènent sur la droite, on atteint le

40 mn - *Col de Chamoussière (2 884 m)*

La descente du col de Chamoussière s'effectue à travers un gigantesque pierrier (qui peut être recouvert par la neige encore début juillet) sans repère bien déterminé où la marche n'est pas aisée.

Ne pas chercher à descendre trop rapidement mais, au contraire, passer sous les barres rocheuses en observant attentivement les traces de passage jusqu'au sentier mieux marqué.

Du col de Chamoussière, descendre franchement à l'est puis revenir progressivement vers le nord-est pour gagner une sente bien marquée dans les pâturages. Se diriger vers la route qui monte au col Agnel ; un peu avant d'atteindre celle-ci, descendre directement sur le

1 h 30 - *Refuge GTA du col Agnel (2 580 m)* - Repère E -

Le refuge de la Grande Traversée des Alpes est un bâtiment original situé dans le vallon, en contrebas de l'ancienne cabane pastorale.

hors GR - 12 km - Molines (1 782 m)

Gîtes d'étape. Hôtels-restaurants. Taxis. Ambulance. Cars pour Guillestre. Tous commerces.

Descendre la route par la vallée de l'Aigue Agnelle en passant par le hameau de Fontgillarde.

Le randonneur trouve au col Agnel, la variante GR 58 C qui par le col Valante, le refuge Balif-Viso, le col Sellière, le refuge Granero, le hameau Ciabot del Pra (refuge Jervis), le col de la Croix, rejoint le Tour du Queyras au hameau de la Monta (gîte d'étape).

Cette variante est décrite pages 60, elle est également tracée sur les cartes pages 28-29-32-33.

Du refuge du col Agnel, se diriger vers l'est jusqu'aux ruines de l'ancien refuge. Le sentier part derrière les ruines et monte en direction de l'est en longeant à quelque distance la rive gauche du ruisseau de l'Eychassier; bientôt à droite, en bordure même du ruisseau, bel emplacement de camp. Le GR coupe le ruisseau et monte par quelques lacets sur la droite d'un épaulement. La piste revient vers le nord-est et atteint le

40 mn - Col Vieux (2 806 m)

Vue au nord sur le lac Foréant et par temps clair, juste dans l'axe du lac, on pourra distinguer le Mont Blanc.

hors GR - Le Pain de Sucre (3 208 m)

Ascension facile, montée 1 h 30 - descente 50 mn -

Du sommet, on découvre le plus vaste panorama du Queyras accessible à des non-alpinistes.

Du Col Vieux, le GR descend nord-ouest dans les cailloux par une piste facile qui atteint bientôt la prairie. On arrive au lac Foréant dont on longe la rive ouest. A l'extrémité nord du lac, bel emplacement de camp. Le chemin se poursuit à flanc en dominant le torrent de Bouchouse qui coule à droite dans une gorge profonde.

- Repère F -

Descendre à travers une barre schisteuse pour atteindre un plateau pierreux à l'extrémité duquel se trouve le lac Egourgéou. A gauche, belle cascade formée par le torrent de Roche-Blanche, à droite, au pied d'un amas rocheux, petite cabane de berger. Traverser nord le plateau pierreux et longer ensuite la rive gauche du lac Egourgéou (2 394 m).

A l'extrémité nord du lac Egourgéou, la descente s'accentue et on arrive aux premiers mélèzes. Traverser un petit bassin ; le torrent de Bouchouse s'enfonce à nouveau dans une gorge profonde. Couper différents ravins (dont le Coumbal de la Muande après lequel le sentier remonte au Peyroun). Laisser à droite une éminence et passer à proximité de l'ancien alpage de Médille en prenant un vieux chemin bordé de murs de pierres sèches.

A l'extrémité de l'alpage, franchir la clôture par une barrière que l'on refermera pour éviter que les troupeaux s'échappent. On descend désormais dans une forêt de mélèzes en longeant, à quelque distance, la rive droite du torrent du Coin des Souches du Colombier et par un dernier et large lacet, on rejoint la vallée et la rive gauche du Guil que l'on suit vers l'aval pour atteindre un pont sur le Guil.

3 h - Pont sur le Guil (1 687 m)

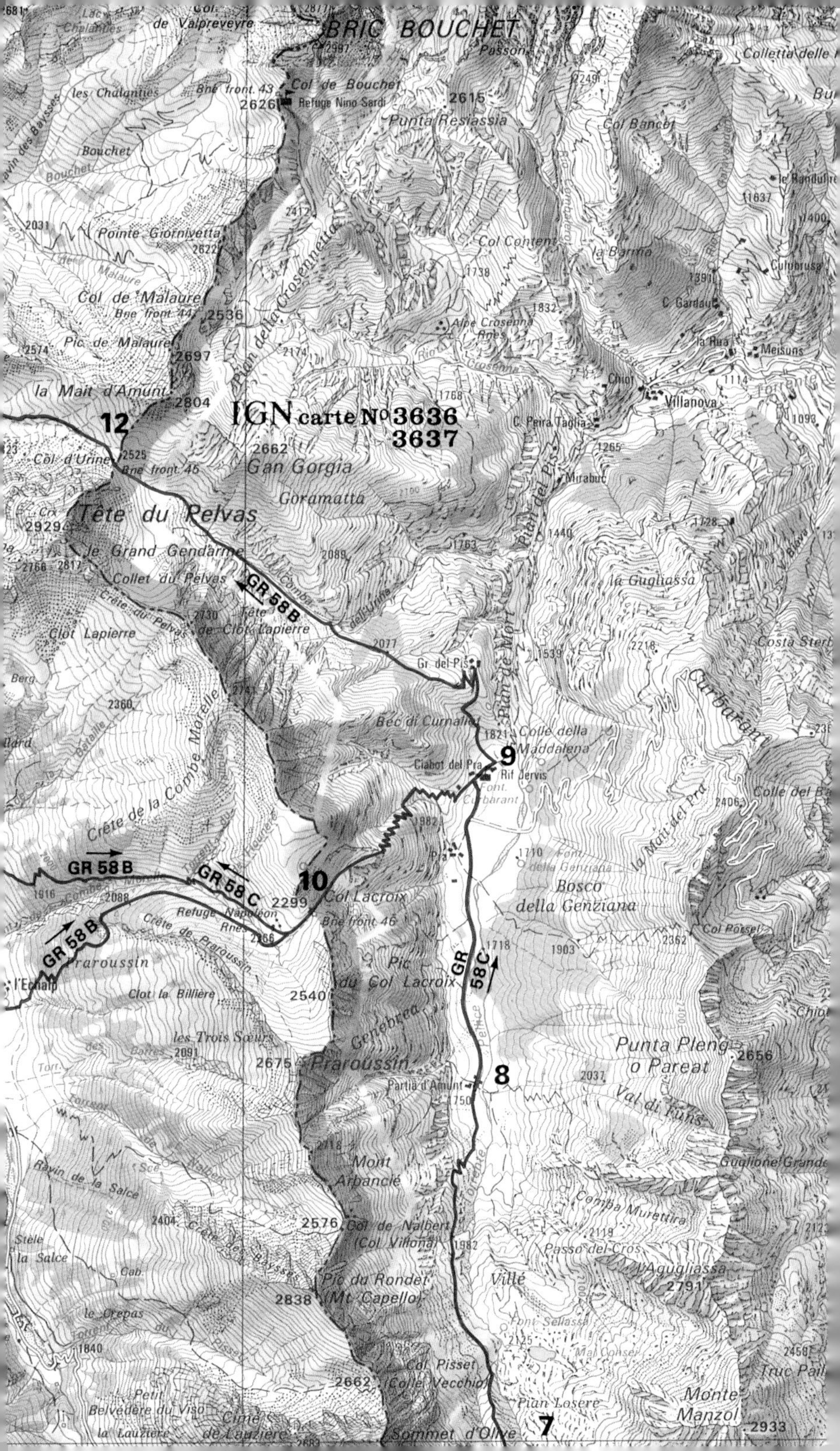

BRIC BOUCHET
Col de Valpreveyre
Passon
Col de Bouchet
Refuge Nino Sardi
2626
2615
Punta Resiassia
Col Bancet
les Chalanties
Bne front. 43
Bouchet
Pointe Giornivetta
2622
Col de Malaure
Bne front. 44
2536
Pic de Malaure
2697
la Mait d'Amunt
2804
Plan della Crosennetta
Col Content
la Barma
Alpe Crosenna
Chiot
Villanova
C. Gardau
la Rua
Meisuns
Culubrusa
le Randuflre
IGN carte Nº3636
3637
12
2525
Col d'Urine
Bne front. 45
2662
Gan Gorgia
Goramatta
C. Peira Taglia
Mirabuc
Tête du Pelvas
2929
le Grand Gendarme
Collet du Pelvas
GR 58 B
Tête de Clot Lapierre
Clot Lapierre
Crête du Pelvas
la Gugliassa
Costa Sterb
Gr. del Pis
Pian de Mort
Bec di Curnalet
1821
Colle della Maddalena
9
Ciabot del Pra
Rif Jervis
Font. Curbarant
Curbarant
Colle del B
la Mait del Pra
Crête de la Combe Morelle
GR 58 B
GR 58 C
10
2299
Col Lacroix
Bne front. 46
Refuge Napoléon
2366
Crête de Praroussin
Bosco della Genziana
1710
1718
1903
2362
Col Porsel
GR 58 B
Praroussin
l'Echalp
Clot la Billière
2540
Pic du Col Lacroix
GR 58 C
les Trois Sœurs
2091
2675
Praroussin
Genebrea
Punta Pleng o Pareat
2656
8
Partia d'Amunt
2037
Val di Funs
Mont Arbancié
Guglione Grande
Ravin de la Salce
Comba Murettira
2404
Crête des Baysses
2576
Col de Nalbert (Col Villona)
1982
Passo del Cros
Stèle
la Salce
Agugliassa
2791
Pic du Rondet (Mt Capello)
2838
Villé
le Crepas
Font Sellassa
1840
2125
2458
Truc Pail
Col Pisset (Colle Vecchio)
2662
Pian Losere
Monte Manzol
Petit Belvédère du Viso
Cime de Lauzière
la Lauzière
Sommet d'Olive
7
2933

En traversant le pont sur le Guil puis en suivant la route vers la gauche, on atteint le tout proche hameau de l'Echalp d'où l'on peut continuer, en empruntant la variante GR 58 B vers le col de la Croix et Ciabot del Pra et retrouver la variante haute montagne GR 58 D qui en deux étapes rejoint le « Tour du Queyras » aux Fonts de Cervières.

Cette variante est décrite pages 59 et tracée sur la carte pages 32-33.

Le Tour du Queyras continue sur la rive gauche du Guil. A 1 km environ, on trouve un pont permettant de passer sur la rive droite pour entrer dans le hameau de

15 mn - **la Monta** *(1 663 m)* - Repère G -

Refuge-gîte d'étape.

On trouve ici la variante GR 58 C venant du col Agnel et la variante GR 58 D allant aux Fonts de Cervières par la haute montagne.

La variante GR 58 C est décrite page 60 et tracée sur la carte pages 32-33.

Variante GR 58 D page 63 et tracée sur la carte pages 32-36-40.

Du hameau de la Monta, le GR 58 « Tour du Queyras », continue sur la rive gauche du Guil qu'il longe sur 2,5 km jusqu'à

35 mn - **Ristolas** *(1 604 m)* - Repère H -

Gîte d'étape, Hôtels, restaurants, camping, navette en été et hiver reliant Ristolas, Abriès, Aiguilles, Château-Ville-Vieille, Château-Queyras.

Possibilité de rejoindre le chemin des crêtes et le sommet de la Lauzière en empruntant l'ancien canal aménagé, puis un chemin montant en lacets (itinéraire non balisé).

A la sortie du village, franchir le Guil sur le second pont en bois, puis prendre à gauche : le départ du sentier se trouve à peu de distance à droite de la route. Suivre l'ancien chemin d'alpage balisé. Après une quarantaine de minutes, passer à proximité de l'étang du Moussu *(point de vue)*. Continuer la montée à travers une forêt de mélèzes pour rejoindre le haut de la petite station d'Abriès qui mène à la

3 h 15 - Collette de Gilly *(2 366 m)* - Repère I -

Ici on rejoint la variante GR 58 D venant de la Monta et allant aux Fonts de Cervières par la haute montagne.

La variante et le GR 58 ont un parcours commun jusqu'à l'embranchement du large chemin du Roux.

Quitter la Collette de Gilly vers l'Est, le sentier passe sous les barres rocheuses de la crête Gilly. Il atteint les abords d'un plateau suspendu (le Clos de Besseys), vers lequel on descend par quelques lacets. Traverser ce plateau en direction du Nord-Ouest.

A l'altitude 2 250 m (poteau indicateur), on trouve sur la droite les marques de la variante GR 58 B venant de Ciabot del Pra par le col d'Urine en suivant l'ancien canal. - **Repère 13** -

Ici, le sentier s'oriente au Nord pour descendre de façon plus soutenue dans le bois par la piste de ski ou sur ses côtés. Au dessus du hameau de Valpreveyre (à l'altitude 2 000 m), les GR quittent la piste de ski pour prendre à gauche un chemin presque horizontal qui suit un ancien canal d'irrigation. On entre dans le Bois Noir.

Attention : en plus du balisage GR, on trouve des arbres marqués (limite de parcelles forestières) d'un trait rouge horizontal sur un fond rectangulaire blanc.

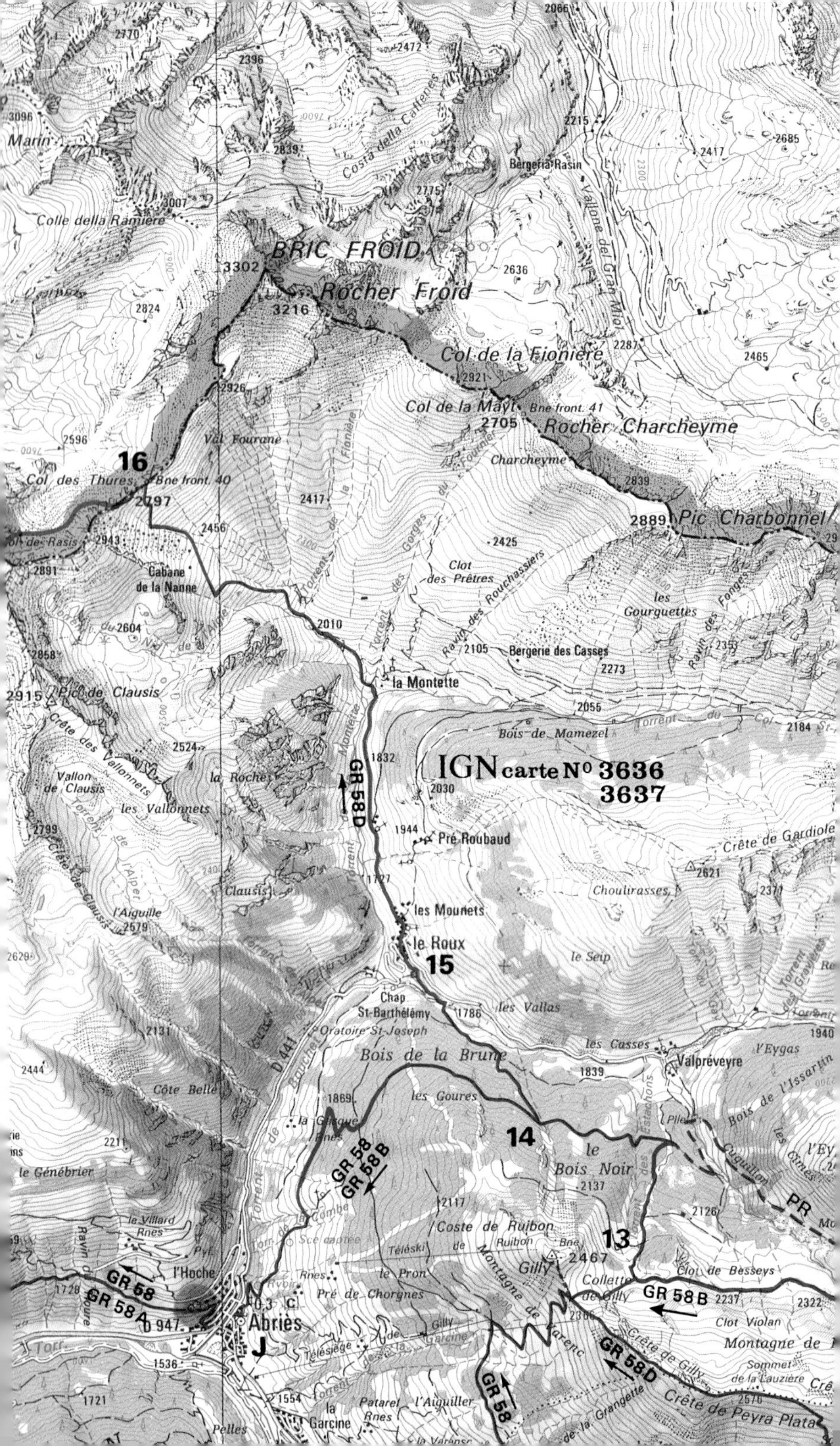

BRIC FROID
3302
Rocher Froid
3216
Colle della Ramière
3007
Marin
3096
2770
2396
2472
2839
Costa della Cattenes
2775
Bergeria Rasin
2215
2417
2685
Vallone del Gran Miol
2636
2824
2287
2465
Col de la Fionière
2921
2926
Col de la Mayt
Bne front. 41
2705
Rocher Charcheyme
Charcheyme
2596
Val Fourane
16
Col des Thures
Bne front. 40
2797
2417
2839
2889
Pic Charbonnel
Col de Rasis
2943
2456
2425
Clot des Prêtres
2891
Cabane de la Nanne
Torrent des Gorges du Fournier
Ravin des Rouchassiers
les Gourguettes
Ravin des Fonges
2604
2010
2858
2105
Bergerie des Casses
2273
2353
la Montette
2915
Pic de Clausis
Crête des Vallonnets
2055
Bois de Mamezel
Torrent du Col
2184
2524
1832
IGN carte N0 3636
3637
Vallon de Clausis
la Roche
GR 58D
2030
les Vallonnets
1944
Pré Roubaud
2799
Crête de Gardiole
2621
Clausis
1727
Choulirasses
2371
l'Aiguille
2579
les Mounets
le Roux
15
2629
le Seip
Torrent des Gravières
Chap St-Barthélémy
1786
les Vallas
2131
Oratoire St-Joseph
D 441
Bois de la Brune
les Casses
Valpréveyre
1940
l'Eygas
2444
1839
Bois de l'Issartin
Côte Belle
1869
les Goures
la Gasque
Rnes
14
le Bois Noir
2211
GR 58
GR 58B
le Génébrier
2137
Cugulion
PR
2117
2126
le Villard Rnes
Coste de Ruibon
13
Ruibon
Gilly
2467
Clot de Besseys
l'Hoche
Rnes
le Pron
Collette de Gilly
GR 58 B
2237
2322
1728
GR 58
GR 58 A
Pré de Chorgnes
D 947
Abriès
J
Clot Violan
Montagne de Marenc
Montagne de
Crête de Gilly
GR 58D
Sommet de la Lauzière
1536
Télésiège
1721
1554
Patarel Rnes
l'Aiguiller
GR 58
la Garcine
2570
Crête de Peyra Plata
Pelles
de la Grangette

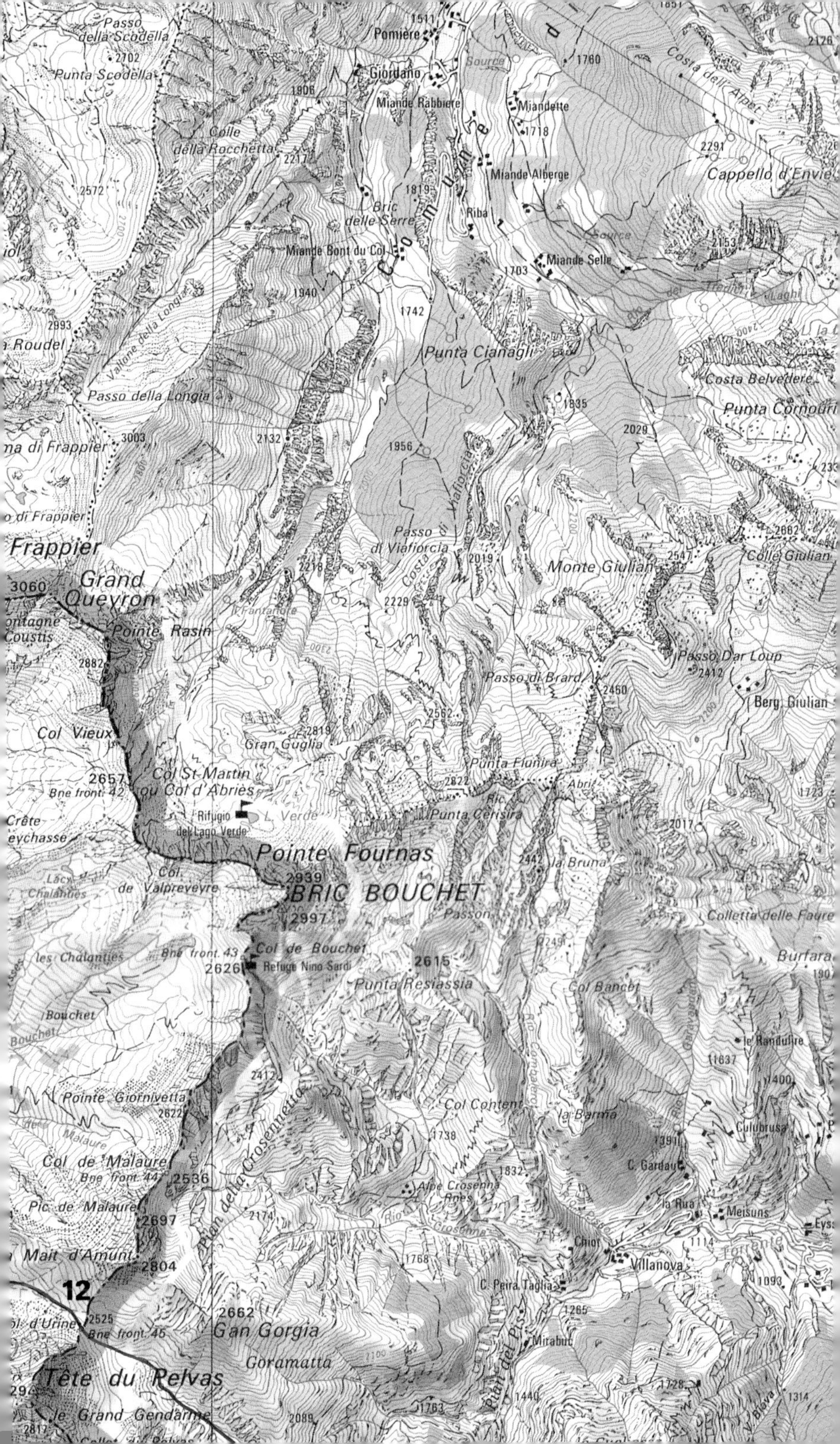

Passo della Scodella
2702
Punta Scodella
Pomiere
Giordano
Miande Rabbiere
Miandette
1718
1760
Costa dell'Alpet
Colle della Rocchetta
2217
1906
1819
Bric delle Serre
Miande Alberge
Riba
2291
Cappello d'Envie
2572
Miande Bont du Col
Miande Selle
1703
2153
1940
1742
2993
Roudel
Punta Cianagli
Costa Belvedere
Passo della Longia
Vallone della Longia
1835
Punta Cornour
3003
Frappier
2132
1956
2029
Frappier
Passo di Viafiorcia
2662
Colle Giulian
2218
2019
Monte Giulian
2547
3060
Grand Queyron
2229
Pointe Rasin
Passo Dar Loup
2412
2882
Passo di Brard
2460
Berg. Giulian
2562
Col Vieux
2819
Gran Guglia
Punta Fiunira
2657
Bne front. 42
Col St Martin ou Col d'Abriès
2822
Rifugio del Lago Verde
L. Verde
Punta Cerisira
1723
Crête
2017
Pointe Fournas
2442
la Bruna
Col de Valpreveyre
2939
BRIC BOUCHET
2997
Colletta delle Faure
Col de Bouchet
Refuge Nino Sardi
les Chalanties
Bne front. 43
2626
2615
Punta Resiassia
Col Bancet
Bouchet
le Randuire
2412
Pointe Giornivetta
2622
Col Content
la Barma
1738
Culubrusa
Col de Malaure
Bne front. 44
2536
1832
C. Garday
Alpe Crosenna
Pian della Crosennetta
Pic de Malaure
2697
2174
Rio Crosenna
la Rua
Meisuns
Mait d'Amunt
1768
Chiot
Villanova
1114
2804
1093
12
C. Peira Taglia
2525
Bne front. 45
2662
Gran Gorgia
1265
Mirabuc
Goramatta
Tête du Pelvas
1728
1440
1314
le Grand Gendarme
1763
2089
2817

On atteint le torrent des Estachons qu'on franchit.

Franchir un autre torrent et continuer de suivre l'ancien canal d'irrigation par une piste presque horizontale. On arrive à l'

1 h 15 - **Embranchement du chemin du Roux** *(1 950 m)*

- Repère 14 -

La variante GR 58 D descend au hameau du Roux (gîtes d'étape - 1 h -), la variante GR 58 B a un parcours commun avec le GR 58 « Tour du Queyras » jusqu'à Abriès.

Laisser la variante GR 58 D descendre par le large chemin, continuer dans le Bois Noir, toujours de niveau et, sans transition, on entre dans le Bois de la Brune. Le chemin s'élargit.

Les marques limitant les parcelles forestières sont des traits noirs.

On tourne bientôt sur la gauche (vue sur le hameau le Roux). Le bois de la Brune est constitué de magnifiques mélèzes au milieu d'une belle herbe rase.

Bien être attentif au balisage.

A la cote 1950, au croisement d'une piste de ski, le sentier part en contre-bas de la piste forestière pour croiser de nouveau une piste forestière à la cote 1870. Le sentier descend encore dans le bois, rejoint sur le plat un ancien canal. Au croisement du Cros, descendre franchement en quatre lacets et sortir dans les prés pour gagner le village d'

1 h 15 - **Abriès** *(1 547 m)* - Repère J -

Gîte d'étape, PTT, tous commerces, office de tourisme.
Hôtels-restaurants, ravitaillement. Camping.
Cars pour Guillestre.

On trouve ici la variante GR 58 A qui rejoint le GR 58 « Tour du Queyras » au hameau de Souliers par Aiguilles.

Voir description page 56 et tracé sur cartes pages 40-41.

Le GR 58 et la variante GR 58 A ont un parcours commun jusqu'au Lac du Grand Laus.

Sortir d'Abriès en prenant la route d'Aiguilles ; 50 m après le pont, prendre à droite et de suite à gauche un chemin qui monte sur le flanc de la montagne de Malrif. On passe aux stations du chemin de Croix et à la chapelle qui lui fait suite. Le GR 58 prend (à gauche de la chapelle) le vieux chemin qui gravit doucement « l'Adroit d'Abriès ». Il passe à la minuscule chapelle de Notre-Dame-des-Sept-Douleurs et, suivant le flanc de la montagne, s'infléchit à droite pour pénétrer dans le vallon de Malrif (vue sur Aiguilles).

En pente douce, il arrive au hameau abandonné (à l'exception d'une maison) de Malrif où l'on remarquera que le campanile de la chapelle est éloigné de celle-ci de plusieurs dizaines de mètres. La montée se poursuit dans l'alpage parmi des mélèzes isolés, en se rapprochant progressivement de la rive gauche du torrent de Malrif. Traverser facilement les torrents des Bans et du Pré Levier pour atteindre un petit pont sur le torrent de Malrif permettant de le franchir face à la

2 h - Bergerie des Bertins (2 040 m)

Le GR, dans sa montée au lac du Grand Laus, comporte une partie tracée au flanc d'une pente assez raide exigeant de la prudence.

Donc le GR 58 monte dans une pente assez raide.

Un peu avant le lac du Grand Laus, la variante GR 58 A descend vers le sud jusqu'à Aiguilles.

Le GR 58 continue jusqu'au tout proche

2 h 30 - Lac du Grand Laus (2 579 m) - Repère K -

Le GR 58 « Tour du Queyras » longe le lac sur sa rive est. A l'extrémité du lac, remonter le vallon en direction du nord jusqu'à la « Crête aux Eaux Pendantes » à l'altitude de 2 830 m et à proximité du

1 h 15 - Col du Malrif (2 866 m) - Repère L -

où arrive la variante GR 58 D venant de la Monta par les cols des Thures et du Rasis ; elle a un parcours commun avec le GR 58 jusqu'aux Fonts de Cervières.

Descendre dans le pierrier jusqu'au sentier bien visible dans les alpages. On suit alors le torrent de Pierre Rouge vers l'aval jusqu'aux

2 h - Fonts de Cervières (2 040 m) - Repère M -

Hameau de la commune de Cervières.
Gîte d'étape.

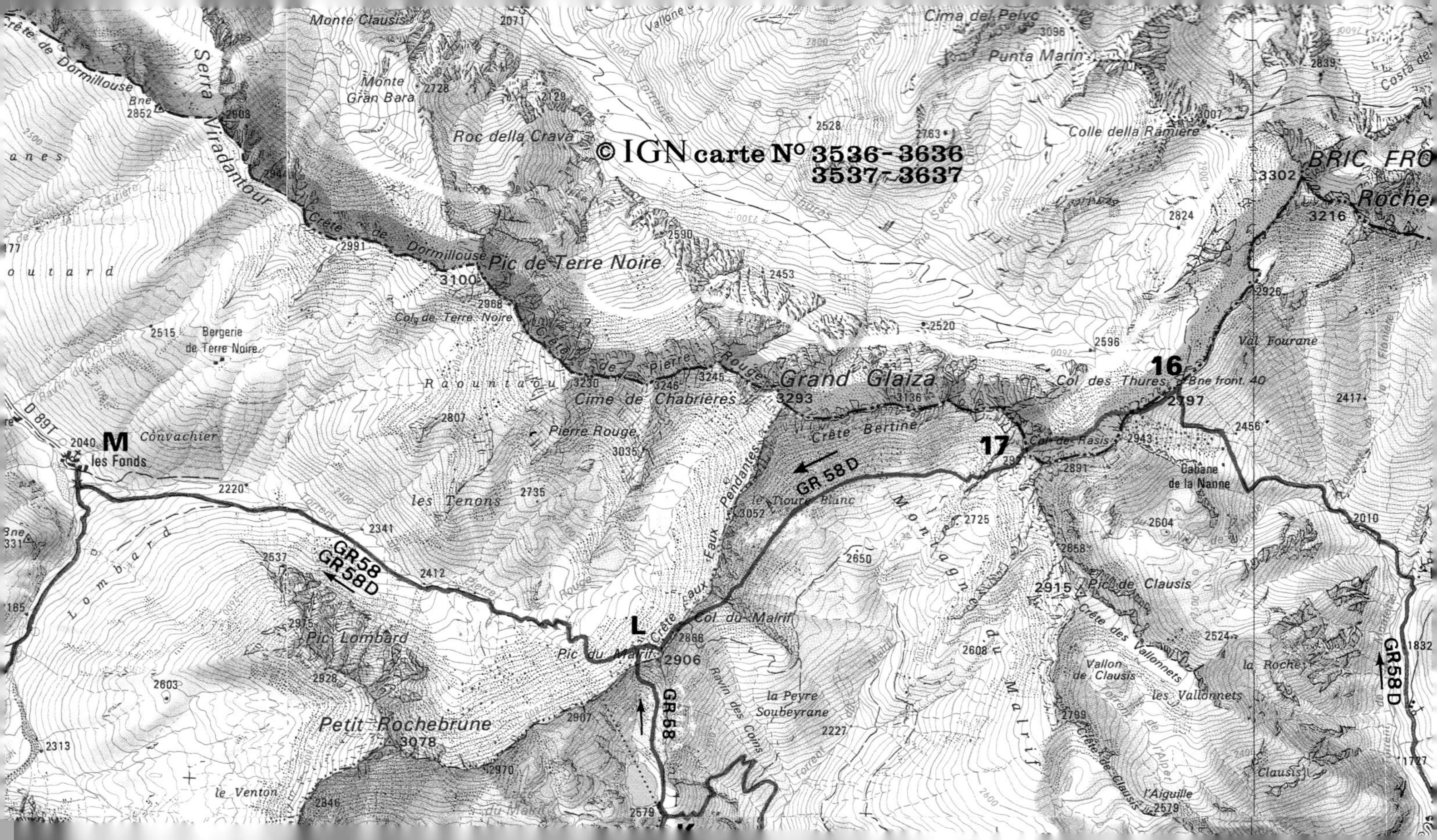

© IGN carte N° 3536-3636
3537-3637
Monte Clausis
Cima del Pelvo
Punta Marin
Monte Gran Bara
Serra Viradantour
Crête de Dormillouse
Roc della Crava
Colle della Ramière
BRIC FRO
Pic de Terre Noire
Col de Terre Noire
Bergerie de Terre Noire
Crête de Pierre Rouge
Grand Glaiza
Cime de Chabrières
Pierre Rouge
Col des Thures
Bne front. 40
Val Fourane
16
17
Col de Rasis
Crête Bertine
Cabane de la Nanne
GR 58 D
GR58
GR58D
GR 58
Montagne du Malrif
les Tenons
M
les Fonds
Convachier
L
Col du Malrif
Pic du Malrif
Pic Lombard
Petit Rochebrune
la Peyre Soubeyrane
Ravin des Coins
Pic de Clausis
Crête des Vallonnets
Vallon de Clausis
les Vallonnets
la Roche
l'Aiguille
le Venton

Abriès
Aiguilles
Ville-Vieille
FORET DE MARASSAN
GR58
GR58A
D 947
le Serre de l'Aigle
2496
Montagne du Lombard
Vallon Cros
Pic de l'Agrenier
2793
Portes du Vallon
2436
Crête de Chalvet
Bois de Côte Belle
le Lombard
Bergerie du Lombard
la Caramagne Rnes
Bois des Eygliers
les Eygliers
Ravin de Choudane
Ravin de Strandes
le Colet Rnes
le Malrif
le Tirail
Ravin du Tioure
le Génébrier
Bergerie des Salins
le Villard Rnes
l'Hoche
Côte Belle
la Gasque Rnes
Pré de Chorg
la Garcine
la Cabotte
le Gouret Camp.
le Preyt
la Pause
la Condamine
1564
Chalvet Rnes
Ravin de Combe Groze
Bois de Chalvet
Chalvet des Borels
les Croses
Rochasson
le Bosquet
le Bois Noir
la Charpenelle Rnes
le Villar Rnes
la Font de Jaime
Pont de la Jeunesse
les Fournasses
la Casse
la Rua
1385
1468
Télésiège de Peynin
Super 2000
Peynin
Bois de la Levette
Col de la Lauze
2551
la Mayt
Bois Foran
Forêt de Chanteloube
Crête du Calme
le Mourre Froid
Ravin des Rabières
Ravin du Four à Chaux
Clot San Peyre
Farnas
Pic Coni Borni
la Lune Ronde
la Lauze
les Prés de la Lauze
la Querlaye
la Fourche
la Plate
Bois de Jassayg
le Roche
Coumbal de Plate Belle
Pelles

On quitte les Fonts de Cervières par le sud; traverser le ruisseau venant du col du Malrif pour suivre un sentier qui s'élève sur la rive droite du torrent de Venton pour redescendre bientôt dans le fond du vallon. Laisser à l'est le vallon de Venton pour monter par un trajet en lacets dans la haute vallée dominée à l'ouest par le Pic de Rochebrune; monter, toujours en direction sud jusqu'au

2 h 30 - Col de Péas (2 629 m) - Repère N -

Le sentier s'engage dans une sorte de défilé, contourne une éminence et débouche dans le grand vallon de Péas. On rejoint, sur le flanc droit du vallon, l'ancien chemin de la mine d'amiante et la

Jonction avec la variante « A » (2 250 m)

venant d'Aiguilles par la bergerie de Péas qu'on aperçoit en contrebas sur la rive gauche du torrent.

Le GR 58 suit l'ancien « chemin de l'amiante » en direction du sud. On descend doucement jusqu'à l'altitude de 2 100 m environ. Le chemin s'infléchit à droite et descend en lacets jusqu'à la croix de Souliers où il tourne franchement à droite pour franchir le ruisseau de Saint-Pierre et entrer dans le

2 h - Hameau de Souliers (1 844 m) - Repère O -

Hameau en balcon au-dessus d'un cirque de champs et de prés.

Gîte d'étape.

La variante GR 58 A se termine dans ce hameau.

hors GR - 1 h 30 - Arvieux - 1 h 45 - Château-Queyras - (Ville-Vieille)

A la chapelle prendre un chemin vers le sud qui rejoint le GR 5 au lac de Roue ; là emprunter le GR 5 vers l'est pour gagner Château-Queyras et Ville-Vieille, et vers l'ouest pour Arvieux.

A Arvieux : hôtel, restaurant, ravitaillement, cars, maison de l'artisanat.

A Château-Queyras : cars, PTT, camping.

A Ville-Vieille : gîte d'étape, hôtel, restaurant, ravitaillement, cars.

Le GR 58 quitte Souliers vers le nord avec le chemin Charin. *A la hauteur de la chapelle, laisser à gauche le chemin carrossable qui permet de rejoindre le GR 5* pour suivre celui remontant le long du torrent vers le nord. On passe à un chalet isolé et on arrive à la

45 mn - Bergerie de Souliers (2 064 m)

Continuer nord puis nord-ouest sur un sentier montant en lacets dans l'alpage entre des bois de mélèzes, jusqu'au

1 h - Col du Tronchet (2 347 m)

Se diriger nord-ouest jusqu'à un sentier allant vers le nord au lac de Souliers (1 h aller et retour). Le GR 58 continue sur un sentier presque de niveau jusqu'à la

1 h - Route D 902 (2 200 m)

Vue sur le paysage étrange de la Casse Déserte.

Traverser la route; aller en face pour trouver le sentier balisé qui, au sud, descend le long du torrent du col d'Isoard.

Remarquer, sur la gauche, des roches de gypse.

On aboutit au lotissement de la Draille qu'on traverse pour atteindre de nouveau la route D 902 qu'on suit sur 300 m jusqu'au

45 mn - Hameau de Brunissard (1 746 m) - Repère P -

Gîte d'étape. Camping. Restaurant.

Point de passage du GR 5 qui, au nord-ouest, se dirige sur Briançon et au sud-est vers Château-Queyras et Ceillac.

De Brunissard, on peut gagner Arvieux en suivant le GR 58 jusqu'au torrent de Combe Bonne, puis descendre au hameau du Coin et en continuant le long du torrent de la Rivière jusqu'au petit pont qui permet de le franchir juste en face du village d'

1 h - Arvieux (1 578 m)

Hôtels-restaurants, épicerie. Camping à la ferme. Cars.

Le randonneur ayant fait étape à Arvieux empruntera la route pastorale de Furfande pour gagner le col du même nom. Il retrouvera, à l'altitude de 1 697 m environ, le GR 58 venant de Brunissard via le hameau du Coin.

Cervières
Eglise St-Michel
le Château
Bois du Sapin
la Lausette Anc. fort
le Laus
D 902
Combe de la Lause
le Lasseron
Combe du Lasseron
Turge de Peyron
Col du Lasseron
Cime de la Charvie
Bois du Bourget
Bois des Coins
Bois des Balmes
Bois des Talus
Bois Noir
le Blétonnet
Col de Prafauchier
le Petit Peygu
le Grand Peygu
Col des Peygus
Bois des Loubatières
Bois de Péméant
Bois du Balais
Bergerie du Balais
Turge de la Suffie
les Chalanches
Chalets d'Izoard
Percagne
Bois des Fontenilles
l'Arpelin
Bois de la Ravée
Refuge Napoléon
Col Perdu
Col d'Izoard
Col des Ourdeis
Pic de Beaudouis
Bois des Oules
l'Escalinade
Pic de Rochebrune
Casse des Oules
Col des Portes
IGN carte N° 3536 3537
la Gavie
Prafauchier
Bergerie des Traverses
les Planes
Maisons Vieilles
les Chalps
le Bourgea
le Clottet
Goutard
Ravin de la Côte Belle
Vallon Gras
le Serre
D 89T
les Fonds
Pic du Vallon Crouzet
Lac des Maits
les Coutiers
Dormillouse
Lombard
Sommet du Grand Vallon

GR 5
GR 58
GR 58A
Hors GR
P
O
Q
N'
M'
Brunissard
la Draye
le Bois Noir
Col du Tronchet
Crête du Tronchet
Crête de Glaisette
Bergerie de Souliers
les Charandes
le Grand Bois
Crête de Crépaud
Serre de Crépaud
Clot la Charne
la Chaffarelle
les Ramettes
Coste de l'Agrenier
Crête de l'Agrenier
Pic de l'Agrenier
2793
Vallon
le Lauzon
la Chalp
la Muande
Pré Soubeyran
Clot Charin
Souliers
Croix de Souliers
Coste Bertrand
Coste du Cros
Col de la Crèche
Costes des Simons
le Bois Noir
la Charpenelle
Commune de Château-Ville-Vieille
les Meyries
Rouet
Clot du Riou
Serre de Roue
les Arbourets
Lavoir Haut
Coste de Rouet
Mairie
Ville-Vieille
la Rua
Château-Queyras
Fort Queyras
Clot de Charnivière
Bois de Randon
Belvédères
le Puy
les Moulins
D 902
D 902
D 444
D 947
D 941
les Maisons
le Pasquier
Arvieux
le Coin
Cabane de la Gardère
Crête de l'Echelle
Champ la Maison
Bois du Devez
Sommet du Teston
Baracou
Cabane du Plan du Vallon
Cabane de Fontouse
Pic du Jaillon
Pic Clapouse
Col de Combe-Laboye
le Clot Long
la Pinatelle
Crête des Portettes
Pic du Cros
Bois du Cros
Crête de Combe la Roche
Pré Premier
Pré des Vaches
le Collet
le Camp Catinat
B. du Banc des Vaches
Ravin de Coste Belle

Le GR 58, dans le hameau de Brunissard, franchit le torrent de la Rivière pour passer rive droite et aller vers le sud trouver le canal d'arrosage, dit des Ruines, qu'il suit jusqu'à la sortie des bois du Sapet. Laisser le hameau du Coin en contrebas et remonter pour franchir le torrent de Combe Bonne puis la crête de l'Echelle pour redescendre jusqu'à la rive droite du torrent de Champ la Maison et atteindre la

2 h - ***Route pastorale de Furfande*** **(1 850 m)** - Repère Q -

Après le ravin de Clapouse, à l'altitude 1 887 m, s'engager sur la droite de cette piste forestière et suivre un sentier jusqu'à la cabane du Plan du Vallon. De là, monter au

2 h 30 - ***Col de Furfande*** *(2 500 m)* - Repère R -

Ce col domine le vaste cirque de Furfande aux nombreux chalets d'alpage dispersés. Vue étendue au sud-est sur le massif de la Font-Sancte et l'aiguille de Chambeyron et au nord sur le col d'Izoard.

Sur l'itinéraire du GR 58, à 20 mn environ (200 m de dénivelé) refuge de Furfande (2 300 alt.).

C'est au col de Furfande que commence le sentier GR 541 qui relie le Tour du Queyras au Tour de l'Oisans, décrit jusqu'à Saint-Crépin (vallée de la Durance) à la fin de cet ouvrage.

Donc au col de Furfande, le GR 541 part à droite (sud-ouest) tandis que le GR 58 descend au sud jusqu'au

30 mn - ***Refuge de Furfande*** *(2 300 m)*

Chalet-refuge, au lieudit Maranuit. Ce chalet peut être signalé par un drapeau.

Du refuge, une variante balisée du GR 541 permet de gagner Eygliers et de là la gare de Montdauphin-Guillestre par les cols Saint-Antoine, de Moussière, la cabane pastorale du Bois Durat, le hameau le Coin (où on croise le GR 541) duquel on descend directement à Eygliers et à Montdauphin.

Cette variante n'est praticable qu'à partir de la mi-juillet et jusqu'aux premières neiges (novembre). C'est un parcours plus sportif et en plus haute altitude que le GR 541 normal. Description dans cet ouvrage après celle du GR 541.

Du refuge de Furfande, le GR 58 longe une barre rocheuse qu'on laisse ensuite sur la gauche, décrit quelques lacets et descend sous le versant ouest de la crête de Croseras.

On trouve, sur la droite, un sentier venant des chalets de Furfande.

Traverser un épaulement et, par quelques lacets, on atteint le chemin (situé sur la droite) qui descend du col de la Lauze. Franchir le torrent de la Lauze (panorama sur la vallée du Guil). Descendre un grand lacet.

Sur la gauche (nord-nord-est) par un chemin conduisant au Queyron d'où une route descend à Villargaudin (gîte d'étape) et à la N 202.

Le GR 58 descend sud-ouest puis sud et par un grand lacet revient vers l'est en laissant sur la droite le hameau du Chatelard, Suivre le chemin empierré ou un ancien chemin en-dessous qui lui est parallèle et qui coupe un lacet du chemin empierré. On franchit le torrent des Choulières et on arrive au hameau

2 h 15 - les Escoyères *(1 532 m)* - Repère S -

Depuis ce hameau, il existe deux itinéraires pour gagner Ceillac :

1) par Montbardon (gîte GTA) et le col Fromage.

2) par Bramousse (gîte privé) et le col de Bramousse.

Suite de l'itinéraire page 50.

Les Escoyères *(Photo Meissimilly)*

IGN carte N° 3537
PARC NATUREL
Château-Queyras
Fort Queyras
Bois de Gambarel
Sommet Bucher
2254
le Mont de Bramousse
Bois du Peyron
Bois de Randon
D 902
D 947
GR 5
GR 58
GR 541
Variante
Villargaudin
les Maisons
le Pasquier
Bois du Devez
Sommet du Teston
Col de Furfande
Dent de Ratier
2660
Pic du Gazon
2744
les Granges de Furfande
Chalets de Furfande
Montagne de Furfande
les Escoyères
Soumeitte
Montbardon
Chalets de Fontantie
les Vallonnets
Bois des Vallonnets
Bois des Bourrels
2146
la Chapelue
Bois de Chalouche
Bois des Vaches
les Chabrières
Clot la Chalp
Pic de Balari
le Queyron
Q
R
S
T'
2500

Combe du Queyras
D 902
Bois d'Assan
Chalets de Bramousse
Col de Souillet
Bois de Souillet
Crête de Riou Vert
les Sagnes
Variante
Col Fromage
V'
V
Col de Bramousse
Sommet d'Assan ou Pic de Guillestre
Col de la Combasse
Rochers de Bouchet
le Pont de Pierre ou Maison du Roi
GR 5
GR 58
A
B
Z
le Villard
Chambeyran
Bois du Cheynet
le Queyras
l'Ochette
la Clapière
la Viste
Eglise Ste-Cécile
D 260
D 60
Ceillac
l'Ubac de l'Aval
Bois des Eysselières
Crête des Eysselières
le Jaillon
la Combe
Bois de Jalavez
Crête de l'Aup
Pied du Mélezet
la Chalp
Grand Bois du Moulin
Bois Clair
la Mourière
la Péguière
Forêt de la Réortie
Sommet de Cugulet ou Mont Guillestre
Sommet de Combe Chauve
Andrevez Berg.

Itinéraire pour Ceillac par Montbardon et le col Fromage

A la sortie est du hameau les Escoyères, prendre le chemin qui descend nord-nord-est sur le flanc du ravin qu'il traverse à mi-pente, pour remonter ensuite en lacets jusqu'à une clairière où il pénètre dans les bois. C'est l'ancienne voie romaine qui chemine en balcon au-dessus de la vallée du Guil. On traverse un éboulis à peu près en face et à la hauteur du hameau de Montbardon qu'on aperçoit sur l'autre versant de la vallée.

Attention il y a danger à prendre la trace descendante, à droite, à la sortie du pierrier.

Le sentier traverse une clairière avant de descendre en lacets à travers bois. Laisser à gauche un autre sentier et continuer tout droit pour traverser une petite clairière. Au-delà et à proximité, changement de direction. Prendre un sentier peu apparent à l'origine, mais dont l'entrée est balisée. Il devient très net après une cinquantaine de mètres et descend en direction sud-est jusqu'à la route nationale en traversant un terrain un peu bouleversé par un ancien chantier de ligne électrique.

Suivre la route en direction de Guillestre, vers l'aval, sur deux cents mètres. Traverser le pont sur le Guil et, immédiatement après, prendre sur la rive gauche le sentier montant à travers bois et balisé aux couleurs des GR et en jaune. On atteint le cimetière et le hameau de

2 h 15 - **Montbardon** *(1 504 m)* - Repère T' -

Gîte d'étape.

Traverser le hameau vers le sud et suivre le GR balisé dans le Bois de Chalouche (sud); le sentier s'oriente sud-est dans le vallon du Riou Vert qu'on remonte jusqu'à un

1 h - **Petit Pont sur le Riou Vert** *(1 820 m)* - Repère U -

Jonction avec le sentier qui vient de Bramousse (gîte d'étape).

Le GR ne traverse pas le torrent mais continue sur la rive droite, puis on laisse sur la gauche un ravin; toujours sud-est, on débouche sur un grand pré « Pra Patris ». Continuer à monter, toujours dans la même direction sur un bon sentier. Par quelques lacets, on atteint le

1 h 30 - **Col Fromage** *(2 301 m)* - Repère V' -

Jonction avec le GR 5 qui vient du nord par Brunissard, Arvieux, Château-Queyras.

Descendre sur la rive droite du ravin de Rasis jusqu'au hameau du Villard où l'on trouve l'itinéraire emprunté au départ. Suivre les marques vers l'aval (sud-ouest) jusqu'à

1 h 15 - **Ceillac** *(1 639 m)* - Repère Z -

Itinéraire pour Ceillac par Bramousse et le col de Bramousse

A l'église du hameau les Escoyères, descendre vers le sud avec le chemin empierré jusqu'à la route D 902 qu'on emprunte à droite (sud-ouest) vers l'aval; 350 m plus loin, franchir le Guil sur le pont de Bramousse et monter à droite par un sentier en forêt au hameau de

2 h - **Bramousse** *(1 400 m)* - Repère T -

Gîte d'étape.

De Bramousse, on peut rejoindre l'itinéraire Montbardon - Ceillac passant par le col Fromage. Voir carte page 49.

Du groupe supérieur des chalets, le GR part en direction sud-est. Il gravit une petite croupe qui mène, par la rive gauche, en haut de la combe où le chemin a été élargi pour les besoins de l'exploitation forestière. Prendre les raccourcis balisés jusqu'au bois de mélèzes qui s'ouvre sur les

1 h 30 - **Chalets de Bramousse** *(1 840 m)*

C'est un ensemble de chalets d'alpage groupé autour d'une chapelle au pied d'un beau pâturage

Vers l'abreuvoir, suivre la piste qui, dans l'alpage, remonte la rive gauche du ruisseau.

A l'entrée du bois de mélèzes, éviter les différentes pistes d'exploitation forestière, prendre le sentier le long du ruisseau.

Traverser une vaste clairière, soit par la rive gauche du ruisseau, soit par une piste qui remonte la prairie et s'engage dans un vallon, après quelques lacets dans un pâturage parsemé de quelques mélèzes, on atteint ainsi le

1 h 30 - **Col de Bramousse** *(2 251 m)* - Repère V -

Descendre en direction sud au flanc d'une grande combe traversée par un téléski. De la station inférieure de ce téléski, gagner la station supérieure du télésiège venant de Ceillac et prendre, à l'ouest de cette station, un sentier qui pénètre aussitôt dans les bois; il descend en lacets vers le sud jusqu'au hameau de la Clapière. Par la route passant devant l'église Sainte-Cécile et en dessous du nouveau village de l'Ochette, on arrive au village de

1 h 15 - **Ceillac** *(1 639 m)* - Repère Z -

La Demoiselle coiffée de Ville-Vieille et le Village de Pierre Grosse.

L'un des traits les plus attachants des paysages du Haut Queyras, en amont de Château Queyras, est la morphologie douce de ses adrets, couverts de prairies, habités par l'homme, s'opposant aux rudes falaises rocheuses de ses ubacs, royaume des chamois. Les prairies des adrets sont localement parsemées de gros blocs sombres, massifs, arrondis, qu'ont soigneusement contourné des générations de faucheurs.

C'est l'histoire de ces blocs qui est racontée par Marcel Lemoine et Pierre Tricart dans le Courrier du Queyras n° 50 1987 dont cet extrait est tiré.

L'un de ces blocs, de plusieurs mètres de dimension, est perché au sommet de la « Demoiselle coiffée » (on dit aussi parfois « Cheminée des fées », mais le terme est moins évocateur) qui, entre Ville-Vieille et Molines, se dresse en rive gauche de l'Aigue Blanche. On peut l'apercevoir, depuis la rive opposée, quand on remonte la route départementale qui se dirige vers Molines et Saint-Véran.

Son origine est due à ce que le ruissellement de la pluie ou des eaux de fonte des neiges est capable d'éroder assez rapidement les sables et graviers de la moraine, tendres parce que non cimentés, *sauf* si ceux-ci sont *protégés* des eaux de ruissellement par un objet assez large et résistant : ici, c'est le *« Chapeau de la Demoiselle »* qui, insensible au ruissellement de la pluie, va protéger son soubassement durant un temps suffisamment long pour que la moraine sableuse qui l'entoure soit progressivement érodée, laissant notre Demoiselle prendre peu à peu de la hauteur.

Cependant, comme tout objet de la nature, cette colonne n'est pas éternelle : un jour, dans dix ans ou dans un siècle, sa coiffe tombera, laissant pour quelque temps encore une colonne de sable et gravier fragile et éphémère, comme on en voit encore çà et là aux environs.

Sur la rive droite, aux alentours de la route départementale, des blocs analogues (même taille, même forme, même roche), typiquement des blocs erratiques, sont disséminés, sur ce qui représente une ancienne moraine du glacier de l'Aigue Blanche, partiellement lavée par le ruissellement avant le développement du couvert végétal actuel.

A quelques kilomètres en amont, le paysage est encore plus spectaculaire : entre Molines et le village si bien nommé de Pierre-Grosse, un étonnant essaim de blocs arrondis, de dimensions métriques à décamétriques, est dispersé sur les pâturages situés sur l'ancienne moraine qui occupe la vallée inférieure de l'Aigue-Agnelle.

Disons en passant que l'on retrouve des blocs quasi identiques dans la vallée du Cristillan à l'amont de Ceillac, ou encore dans le vallon de Bramousse, notamment aux abords de la route touristique du Sommet Bucher. Comme ces deux vallées ne sont pas susceptibles de fournir de tels blocs, les roches correspondantes n'existant ni sur les crêtes, ni dans les pentes, cela nous prouve que le glacier qui occupait la vallée de l'Aigue Blanche la remplissait tellement qu'il pouvait « déborder » par les cols des Estronques et des Prés de Fromage pour aller semer ses blocs erratiques dans les vallées avoisinantes.

Les cadrans solaires

Sans ta clarté ni ta chaleur
Nous n'aurions ni heures ni fleurs

Des devises du même esprit, le randonneur pourra en retrouver d'autres sur les cadrans solaires qui ornent encore les murs de certains édifices et maisons de la région. Beaucoup ont malheureusement disparu, détruits par les incendies qui, au siècle dernier, étaient fréquents dans la région. Ces cadrans (ou gnomons) sont généralement peints, mais sont aussi quelquefois gravés dans la pierre. La plupart portent des devises (en latin ou en français), d'autres sont sans. Ils témoignent d'une philosophie populaire mais avaient avant tout une utilité première : indiquer l'heure en fonction de la course du soleil. Certains sont accouplés et complémentaires (mais cette disposition est rare) : les deux cadrans accouplés sont peints à l'angle même et sur deux façades d'une même maison, l'un d'eux reçoit les rayons du soleil levant, l'autre ceux du soleil couchant ; la devise se continue de l'un sur l'autre. Il faut donc consulter successivement les deux cadrans, non seulement pour savoir l'heure à chaque instant de la journée, mais aussi pour connaître le sens complet de la devise. Cette disposition particulière est commandée, cela va sans dire, par l'orientation de la maison.
Leur décor est le plus souvent composé de guirlandes de fleurs, de soleils, d'animaux fantastiques, d'oiseaux (notamment le coq, emblème de la vigilance), ou de pots de fleurs (ceux-ci constituant un motif de décoration emprunté aux faïences du début du XIXe siècle et du temps de la Révolution).

Bibliographie : Bulletin de la Société d'Études des Hautes-Alpes à Gap, « *Les cadrans solaires* », par le Dr Raphaël Blanchard.

L’artisanat du bois

Le 23 octobre 1968 naît le « Syndicat des Artisans d’Art en meubles et objets sculptés du Queyras » réunissant une quinzaine de personnes ayant repris petit à petit le travail du bois en dehors de leurs occupations courantes (agriculture, emplois dans les stations de ski, hôtellerie, etc.).
Le Syndicat dépose ses statuts, définit sa zone d’action, interdit à tout autre organisation extérieur au Queyras le droit d’exécuter des meubles et objets sculptés de style Queyras. Enfin le Syndicat propose son label à l’Institut national de la Propriété industrielle à Paris, effectue des recherches d’antériorité et, devant l’absence d’antériorité, prend date pour défendre les ébénistes et sculpteurs du Queyras.

Mais le label « *Vrai Queyras artisanal de tradition* » ne s’applique pas à n’importe quelle œuvre. Il exige cinq critères définissant la spécialité de la création :

1. le meuble ou objet doit être fabriqué dans le Queyras par un artisan y résidant,
2. il doit être exécuté en bois massif de pin cembro, sans rajout de contreplaqué ni d’aggloméré,
3. il doit être décoré de sculptures traditionnelles propres au Queyras (le choix et la qualité de ces sculptures ne sont pas définis d’une façon stricte mais, comme nous le verrons plus loin, ils sont connus de tous et pratiquement établis par la tradition),
4. le bois doit être du pays (pin cembro) chevillé, les tiroirs montés en queue d’aronde ; les bois tournés ne doivent pas être issus de séries commerciales ;
5. le meuble ou objet doit être « en création au 1/5 de sa surface » c’est-à-dire qu’au moins 1/5 de la surface du meuble doit être sculpté.

Enfin tous ces objets et meubles sont teintés en clair ou foncé et cirés, jamais vernis ni peints. Ce caractère n'est pas codifié, mais il est respecté par tous les artisans.
Ces artisans ébénistes et sculpteurs du Queyras exposent et vendent leurs œuvres à la Maison de l'Artisanat à Ville-Vieille.

Chaque œuvre étant exposée d’une façon anonyme, le client reçoit avec l’accusé de réception des arrhes, le nom et l’adresse de l’artisan dont il a sollicité l’ouvrage exposé ; il peut alors librement aller voir l’artisan et discuter avec lui de la réalisation. Cependant, la plupart des artisans ayant gardé une ou plusieurs autres occupations pour équilibrer leur budget (et peut-être aussi parfois par goût), les réalisations demandent quelquefois un certain délai. Il faut bien se rendre à l’évidence et accepter ce choix délibéré : *l’artisanat du Queyras n’est pas un travail industriel, il ne le sera jamais, il reste parfaitement inséré dans la tradition régionale*.

Extrait du *Courrier du Queyras*, n° 10 (hiver 1973 - printemps 1974).

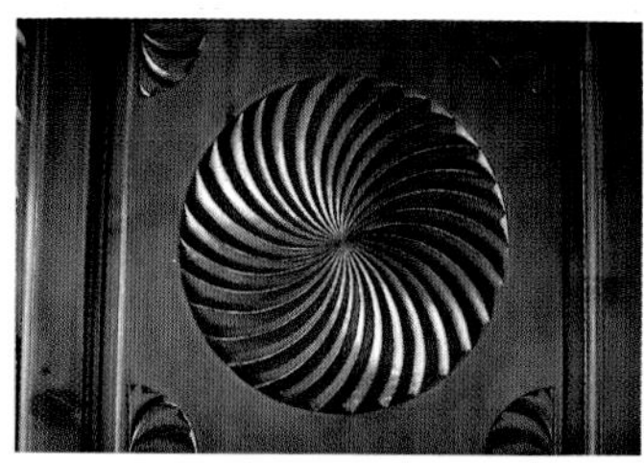

Photo Alain Pruvot
Concours Ilford 1986

Variante GR 58 A

Abriès - Aiguilles - hameau de Souliers

Abriès (1 583 m) - Repère J - Cartes pages 40-41

Emprunter le GR 58 « Tour du Queyras » jusqu'au

4 h 30 - Lac du Grand Laus (2 579 m) - Repère K -

Si on est allé jusqu'au déversoir du lac du Grand Laus, il faut revenir sur ses pas sur 100 m environ pour trouver le départ du sentier GR qui descend (au sud) à Aiguilles.

Le GR 58 continue (au nord) vers le col du Malrif et les Fonts de Cervières.

La variante GR 58 A franchit le verrou rocheux et suit une piste bien marquée qui longe (vers le sud), le versant est de la crête du Serre de l'Aigle. On arrive au col 2 476 m d'altitude.

La variante GR 58 A continue sur la bonne piste, dans l'alpage, passe un rognon rocheux et s'infléchit vers la gauche.

On domine un chalet dénommé sur la carte IGN

la Bergerie du Lombard

De ce chalet part une route carrossable qui rejoint Aiguilles.

Ensuite on pénètre dans la forêt où la descente se poursuit jusqu'à un oratoire puis aux chalets d'

2 h - Eygliers (1 965 m)

Abri possible; vue sur la vallée d'Aiguilles.

Prendre entre les chalets le vieux chemin qui descend en lacets (nombreux raccourcis) jusqu'à la nouvelle route empierrée reliant Aiguilles (à gauche) au hameau du Lombard (à droite). On coupe cette route, on passe à proximité du chalet la Pause et on descend jusqu'à l'important village d'

1 h - **Aiguilles** *(1 470 m)*

Office d'information et de promotion du tourisme en Queyras.

Gîte d'étape, hôtels-restaurants, camping, piscine.

Location meublée. Tous commerces, PTT, pompiers, hôpital, médecins, pharmacie.

Cars Imbert pour la gare de Montdauphin-Guillestre et pour Abriès sur la place de la mairie. Crédit Agricole-change.

Exposition saisonnière de meubles et objets en bois sculptés par le syndicat des artisans ébénistes.

Quitter Aiguilles par la rue principale vers l'ouest et, avant la sortie de la localité, prendre sur la droite une rue goudronnée qui domine l'hôtel Bellevue et passe près de chalets neufs. Lorsqu'elle tourne à droite en une épingle à cheveux, la quitter pour le chemin qui lui fait suite. On prend rapidement de l'altitude en dominant la vallée du Guil en face du vallon de Peynin.

Le chemin contourne une barre rocheuse et tend à se rapprocher de la limite de la forêt incendiée dont on aperçoit les grands troncs de mélèzes morts. Atteindre et franchir le torrent de Chalvet. Continuer de monter par une mauvaise piste qui débouche sur un chemin empierré. Ce chemin traverse le ravin des Barres. *mais le passage est périodiquement rendu difficile en raison des destructions causées par les crues.* Si on ne peut le traverser, revenir sur ses pas pour prendre, en haut de la pente, le chemin qui remonte en direction nord vers le hameau de

1 h 30 - **Chalvet** *(1 879 m)* - Repère L' -

Une chapelle et quelques chalets en ruine.
Un chalet neuf pour le berger.

Sans entrer dans le hameau, prendre sur la gauche à travers la prairie, la piste qui continue de monter et redescend ensuite au nord-ouest jusqu'au torrent des Barres que l'on franchit sans difficulté. Sur l'autre rive, au début, on longe en le dominant le torrent pour s'en écarter et descendre à droite dans le bois incendié; traverser un marécage et passer une croupe herbeuse parsemée de souches et de bois mort pour arriver sur le bon chemin qu'on avait délaissé sous Chalvet avant le ravin des Barres. Le suivre à droite pour franchir le torrent du Villar : belles vues sur Ville-Vieille, la vallée de l'Aigue Agnelle, le Sommet Bucher, etc. Passer le ravin du torrent de Platenq (coupé de petits barrages destinés à en régulariser le cours); contourner le hameau

1 h 15 - **les Meyriès** *(1 701 m)* - Repère M' -

Hors GR : Ville-Vieille : gîte d'étape, voir page suivante.

hors GR - 45 mn - Ville-Vieille

Gîte d'étape, hôtel-restaurant, ravitaillement, cars, Maison de l'Artisanat.

hors GR - 45 mn - Château - Queyras

Camping, restaurant, ravitaillement, cars.

Emprunter la route D 444 en descente.

Sans entrer dans le hameau, le GR 58 A contourne par le haut et il continue par le chemin carrossable qui passe au Rouet (1 797 m), hameau en cours de restauration, et s'infléchit progressivement vers la droite pour entrer dans le vallon de Péas. Belle vue sur ce vallon et celui de Souliers. Le chemin monte doucement en lisière de la forêt et mène à la

1 h 30 - Bergerie de Péas (2 024 m) - Repère N' -

Abri possible.
A droite de la maison du berger, départ d'un itinéraire (traits jaunes) qui monte à la croix de la Crêche (2 321 m).

200 m après la bergerie, s'engager à gauche sur le chemin qui descend au torrent ; franchir ce torrent sur un pont sommaire, revenir sur la rive droite vers l'aval sur 200 m et prendre à droite le chemin en lacets qui monte au « chemin de l'amiante », chemin qui reliait Souliers à l'ancienne mine.

Lorsqu'on atteint le « chemin de l'amiante », on arrive aussi à la

Jonction avec le GR 58 « Tour du Queyras »

qui vient des Fonts de Cervières.

Prendre, à gauche (sud-sud-ouest), le « chemin de l'amiante » au flanc de la partie terminale de la crête de Crépand. On entre dans la forêt ; le chemin s'infléchit à droite et descend en lacets jusqu'à la croix de Souliers où il tourne franchement à droite (nord) pour aller franchir le ruisseau de Saint-Pierre et descendre au hameau de

1 h 30 - Souliers (1 844 m) - Repère O -

Gîte d'étape.

Variante GR 58 B

la Monta - col de la Croix - Ciabot del Pra - col d'Urine - Abriès

- Repère G - Cartes pages 32-33.

On peut gagner la variante GR 58 B soit de Ristolas, la Monta ou l'Echalp. Emprunter la variante GR 58 C au départ de la Monta jusqu'au

2 h - Col de la Croix (2 299 m) - Repère 10 -

où on passe la frontière franco-italienne puis, par un chemin militaire, on descend en lacets à

1 h 15 - Ciabot del Pra (1 737 m) - Repère 9 -

où se trouve le refuge Jervis du CAI.

Le local d'hiver, dans un bâtiment situé à une centaine de mètres, reste ouvert en permanence (12 places, matelas, couvertures).

En outre, dès le printemps, l'auberge toute proche « Cialotta del Pra » de M. Cairus, est ouverte (restauration et hébergement).

A la sortie du hameau, monter en direction nord par un sentier qui contourne une éminence puis, par un court trajet à plat, débouche sur la combe qu'il remonte jusqu'au

2 h 30 - Col d'Urine (2 525 m) - Repère 12 -

Du col d'Urine, on suit le sentier qui descend dans le vallon d'Urine ; près du Clot de Besseys, on rejoint le GR 58 dont on suit le balisage pour gagner

2 h 30 - Abriès (1 583 m) - Repère J -

Variante GR 58 C

col Agnel - refuge Balif-Viso - la Monta

Il faut compter 7 h pour aller au refuge du Mont Viso et prévoir une heure en plus si on fait l'ascension de la Pointe Joanne (3 052 m).

- Repère E - Cartes pages 28-29-32-33.

Refuge du col Agnel (2 580 m)

Du refuge, emprunter sur 500 m le sentier GR du col de Chamoussière puis le laisser sur la droite et gagner le

30 mn - Col Agnel (2 744 m) - Repère 1 -

Descendre plein sud dans le thalweg, contourner par la gauche une arête rocheuse et s'engager sur le sentier du Vallone dell Agnello qui retrouve, dans un grand virage, la route de Chianale qu'on emprunte nord-nord-est jusqu'aux

1 h 45 - Granges del Rio (2 000 m)

Continuer sur la rive droite du Vallone di Soustra en suivant, vers l'est, le sentier italien du Tour du Viso, balisé également blanc-rouge. On arrive ainsi aux

30 mn - Granges Bernard (2 180 m) - Repère 2 -

On laisse sur la droite un large sentier qui descend au village de Chianale. Continuer de remonter le vallonne di Soustra vers l'est en longeant le torrent sur sa rive droite. Puis, par quelques lacets, on atteint le

2 h 30 - Passo della Losetta (2 870 m) - Repère 3 -

hors GR - Pointe Joanne (3 052 m)

1 h aller et retour; ce sommet est situé sur la frontière franco-italienne.

La vue est très étendue : au sud-est, au tout premier plan, l'imposante face nord-ouest du Viso, à sa gauche, le Visoletto, la Pointe Gastaldi, la Pointe de Rome et juste après, dans l'échancrure du Col du Couloir du Porc, tout au loin, les Alpes Valaisannes avec le Mont Rose et le Cervin.

Du sommet, il est possible de descendre directement vers le refuge du Mont Viso par la combe nord de la Pointe Joanne.

Du passo della Losetta, descendre vers le sud en laissant sur la droite une ancienne caserne militaire; 50 m en contrebas vers l'altitude de 2 780 m, s'engager à gauche (nord-est) sur un sentier en balcon montant au

45 mn - *Col Valante (2 815 m)* - Repère 4 -

Col frontière.

Du col Valante descendre d'abord vers le nord-ouest en longeant la crête de la Pointe Joanne puis, par quelques lacets descendre au lac Lestio (2 510 m) et suivre alors le torrent du Guil naissant sur sa rive gauche puis le traverser par un gué (2 450 m) où l'on emprunte un sentier en balcon qui conduit au

1 h - *Refuge CAF du Mont Viso (2 460 m)* - Repère 5 -

Du refuge se diriger plein nord, horizontalement, pendant 15 mn, pour aller franchir le torrent de Faïto. Laisser à droite le chemin du col de la Traversette et continuer toujours vers le nord. On laisse sur la droite la bergerie en ruine du Grand Vallon puis on monte dans les alpages, toujours au nord, en se tenant sur la gauche d'un grand thalweg à sec. On arrive ainsi au

1 h 15 - *Col Sellière (2 834 m)* - Repère 6 -

Col frontière très dégagé offrant une vue sur la face nord du Viso.

Du col Sellière descendre nord-ouest par une combe évidente encastrée entre deux barres rocheuses (on y rencontre fréquemment des lagopèdes) jusqu'au lac Lungo dont on longe la rive ouest. Passer sur le déversoir et par une courte montée, on atteint le

50 mn - *Refuge CAI Granero (2 377 m)* - Repère 7 -

Continuer de descendre par un bon sentier sur la moraine bien prononcée. Vers 2 080 m franchir un petit torrent issu du lac Lungo. Le sentier se poursuit horizontalement puis dévale au fond du vallon où coule le torrent de Pellice. On arrive au hameau

1 h 15 - *Partia d'Amunt (1 750 m)* - Repère 8 -

Hameau d'estive de pur style piémontais.

Emprunter une large piste sur la rive gauche du torrent; on gagne ainsi le hameau

30 mn - ***Ciabot del Pra*** *(1 737 m)* - Repère 9 -

Refuge Jervis CAI.

Auberge « Cialotta del Pra ».

On trouve ici la variante GR 58 B qui par le col d'Urine rejoint Abriès.

A l'entrée sud du hameau de Ciabot del Pra, emprunter un sentier pavé montant en lacets assez raides; ensuite par un bon sentier, on atteint le

1 h 45 - **Col de la Croix** *(2 299 m)* - Repère 10 -

On passe la frontière franco-italienne et le sentier descend sud-ouest.

Laisser à gauche un sentier balisé en jaune descendant sur le hameau de l'Echalp.

Continuer de descendre sur la rive gauche du torrent de Combe Morelle. On passe près des ruines du refuge Napoléon. A travers bois, puis un passage découvert, on arrive au hameau

1 h 15 - **la Monta** *(1 661 m)* - Repère G -

où l'on rejoint, sur la rive gauche du Guil, l'itinéraire normal du Tour du Queyras.

Refuge-gîte d'étape.

A 30 mn : village de Ristolas avec un gîte d'étape.

A la Monta, on trouve la variante GR 58 D qui par la haute montagne rejoint le Tour du Queyras au gîte des Fonts de Cervières.

Cette variante est décrite page 63 et tracée sur les cartes pages 32-36-40.

Variante « Haute-Montagne » GR 58 D

la Monta ou Ristolas - sommet de la Lauzière - collette de Gilly - le Roux - Col des Thures - col de Rasis - col Malrif - les Fonts de Cervières

- Repère G - Cartes pages 32-36-40.

la Monta (1 661 M) - Repère G -

Refuge - gîte d'étape.

Pour accéder au sommet de la Lauzière, on peut également partir de Ristolas - Repère H -, *en empruntant un PR balisé en jaune qui suit l'ancien canal aménagé, puis un sentier en lacets.*

Passer le long du cimetière et remonter la rive gauche du torrent de la Chapelle.

A 150 m du gîte, le sentier traverse le torrent pour suivre un chemin creux le long d'anciennes terrasses de cultures. Laisser le sentier de gauche pour passer à une croix et rejoindre le Bois du Chatellard. En haut du bois, le sentier traverse, sur la gauche, un alpage pour atteindre la Crête de Peyra-Plata. La suivre vers l'ouest pour atteindre le

3 h - Sommet de la Lauzière (2 576 m)

Poursuivre sur la crête, toujours vers l'ouest pour atteindre la

45 mn - Collette de Gilly (2 366 m) - Repère I -

où l'on retrouve le GR 58 « Tour du Queyras »

Suivre le balisage jusqu'au

1 h 15 - Large Chemin du Roux (1 950 m) - Repère 14 -

La variante GR 58 D prend, à droite (nord-ouest), le large chemin en descente pour gagner le hameau

1 h - le Roux (1 750 m) - Repère 15 -

Gîte d'étape.

Emprunter vers le nord un chemin de terre longeant le torrent de la Montette; on passe en vue du hameau en ruine de

30 mn - ***la Montette*** *(1 921 m)*

Franchir un ruisseau sur une large passerelle et prendre, nord-ouest, un sentier qui, bientôt grimpe en lacets, jusqu'à la crête et au

3 h - ***Col des Thures*** *(2 797 m)* - Repère 16 -

Suivre la ligne de crête vers le sud-ouest ; on entre alors dans le vallon côté italien pour remonter jusqu'au

40 mn - ***Col de Rasis*** *(2 921 m)* - Repère 17 -

En conservant la direction sud-ouest, descendre vers un petit lac (2 820 m) puis, à la hauteur du lac, franchir l'arête des Costetes. Par une traversée, légèrement ascendante, vers l'ouest, gagner la « Crête aux Eaux Pendantes ». Rester sur la crête pour descendre, vers le sud, au

1 h 45 - ***Col de Malrif*** *(2 866 m)* - Repère L -

On retrouve le GR 58 « Tour du Queyras » un peu plus à l'ouest, à l'altitude 2 830 m.

Descendre dans le pierrier jusqu'au sentier bien visible dans les alpages. On suit alors vers l'aval le torrent de Pierre Rouge jusqu'aux

2 h - ***Fonts de Cervières*** *(2 040 m)* - Repère M -

Gîte d'étape.

Description du GR 541

du col de Furfande à Saint-Crépin (vallée de la Durance) ou à Guillestre par un hors GR partant à 2 km du hameau du Gros

- Repère R - Cartes pages 66-67.

COL de Furfande (2 500 m)

En suivant le GR 58, on atteint en 30 mn le refuge de Furfande (30 lits, repas), situé à 2 300 m d'altitude.

Le GR 541 descend, sur le versant ouest du col, dans le vallon de Furfande en faisant un lacet sur la droite. Peu à peu, on découvre les groupes supérieurs des granges de Furfande vers le milieu desquelles le sentier s'oriente à l'ouest.

De ces chalets-granges, on peut, par un sentier partant vers l'est et restant presque de niveau, gagner le refuge de Furfande (30 lits, repas).

Traverser ces groupes de chalets-granges en restant à droite d'une petite éminence marquée par une croix (désignée oratoire sur la carte IGN au 1/25 000). Obliquer légèrement à gauche vers de gros blocs rocheux qu'on longe.

Après ces gros blocs rocheux, on marche au sud en restant très nettement à gauche du lac de la Valette qu'on aperçoit vers l'ouest. Suivre la croupe gazonnée en passant légèrement au-dessus d'une source ; continuer à flanc de côte, franchir un petit torrent et atteindre un

- Panneau - Repère 20 -

Se diriger toujours vers le sud en suivant l'axe général du vallon gazonné conduisant au

1 h 20 - Col Garnier (2 279 m)

Franchir le col et descendre en suivant d'abord l'axe du vallon sur le versant sud; puis obliquer vers la droite pour rejoindre la rive droite du lit d'un petit torrent d'où le sentier remonte légèrement sur une centaine de mètres. Continuer la marche à flanc de côte. Le sentier traverse plusieurs coulées rocailleuses dont l'avant-dernière est marquée d'une petite source; rejoindre la croupe gazonnée, parsemée de mélèzes qu'on suit vers le sud sur son flanc gauche, puis selon son axe, jusqu'à l'apparition des premiers arbres.

Le sentier descend en lacets jusqu'à la forêt, puis dans la forêt elle-même. A la première bifurcation importante (sentier caillouteux), tourner à gauche, puis un peu plus loin à droite. En sortant de la forêt, se diriger légèrement à droite et passer derrière les bergeries en ruine des Girards.

IGN carte N° 3537
Pallon
Chapelle de Rame
le Gouffre de Gourfouran
le Seiq
le Thioure
le Chambon
Peyre Grosse
Champcella
le Collet
Clot Fournier
la Gardette
Chabottes
Barrachin
le Pouit
1316
la Casse
le Pont
le Ponteil
Gouas
les Pasques
Chanteloube
l'Abeil
la Chapelle
Monassié
Aérodrome de Mont-Dauphin St-Crépin
l'Aéromotel
les Achards
le Couart
les Césaris
les Ponces
Moulin Faune
St Thomas
Bois des Fonds du Sap
GR 50
les Preyts
Bouffard
la Casse Blanche
les Ponses
les Eymars
Villard
les Collombs
Pré d'Eymars
Bois de l'Aubréau
l'Aubréau
Basse Rua
le Clot
Barret
Céries
Pré Michel
Mikéou
Truchet
Manouel
les Lajards
Coste des Chamousses
les Guieux
le Cros
la Combe
la Bourgea
Rabastelle
Font Bonne
Réotier
les Sagnes
le Fournet
les Moulinets
les Bruns
Oliviers
les Casses
Mensolles
le Goutail
Pinfol
Coste Freyssinière
les Clots
la Moulinière
St-Clément
les Paisses
Madalaoure
le Gorgeras
les Patareous
Bois
le Grand Pré
le Serre
les Rouvières
Coste Arnaud
Champaussel
Pra Reboul
les Hauts Clots
le Coulet
Cabane de la Rimas
le Clotas
Moussières
les Gravières
le Moulin Queyras
les Guions
le Villard
Chapelle St-Michel
Bois des Orgiers
les Chapins
le Rocher Blanc
la Cabane
le Moulin Raymond
Mal Passet
Durancette
St-Crépin
25
la Cournette
Villaron-Bas
Villaron-Haut
GR 541
Croix des Hodouls
les Combes
le Serre des Hodouls
Auto-Cross de la Vallouise
les Hodouls
le Vieux Coin
la Frairie
23
le Gros
Borel
les Maurels
les Blanches
la Restreche
Relarq
Mairie
Mont-Dauphin-Gare
Eygliers
Château d'eau
la Ginguette
Chapelle St-Guillaume
Mont Dauphin
la Gâgière
Plateau de la C
Guillestre
Gaboyer
Plaine de Barbein
Durance
le Plan de Phazy
la Rotonde
les Isclasses
Poste électr.
Rocher de Barbein
Barbein
les Chauvets
les Fourniers
les Bruns
la Traverse
Languieu
N 94
D 38
D 138
D 738
D 37
D 86
D 902 a
D 638
D 186

Col de Furfande
2500
R
2660
2631
du Vacivier
les Granges de Furfande
2407
Cabane du Lauzet
le Spurc
2363
2156
Casse du Rabaret
2711
2367
Pic des Chalanches
2670
2199
2681
Maranuit
21′
2235
Col du Lauzet
Col St-Antoine
2223
le Testas
2579
Chalets de Furfande
2027
2122
GR 58
Crête des Crousas
2645
2604
20
2206
Montagne de Furfande
2097
2154
Cabane de la Valette
2055
Col Garnier
2279
le Pic
2489
2631
Forêt de Chalvet
1485
2432
Garnier
2308
Sommet de Chalve
la Valette
la Gardette
1917
Charve
la Mayt
2096
2617
1821
GR 541
1776
1651
1161
Prachaval
2463
Villeneuve Rnes
1131
Combe du Queyras
D 902
1325
Bois d'Eygliers
1807
la Tardie
Chaston
1601
1749
les Girards Rnes
1090
le Clot
21
2267
le Grand Coulet
1869
le Grand Bachas
les Ourgières
2257
les Chalanches
1565
1558
1081
22
1756
1450
Rochers d'Assan
1786
2358
le Champ de l'Étoile
la Reynaude
1385
D 37
le Pont de Pierre ou Maison du Roi
1208
Font d'Eygliers
Gros
Pré Rond
1310
1057
1495
les Fraisses
1303
Gorges du Guil
Guil
D 902
1373
1061
les Terrasses
1300
l'Ubac de l'Av
939
Montgauvie
1162
1521
1630
le Pain de Sucre
Rocher de l'Aigle
Forêt de la Réortie
Bois Clair
1161
1092
1459
1467
Bne
1510
Roche Rousse
Sources de la Réortie
1333
Sces Captées
1916
le Chazal
1930
Forêt de Combe Chauve
1927
1436
Ravin de Combe Chauve
Source de Fontfrache
2109
1081
2114
Sommet de Cugulet ou Mont Guillestre
Sommet de Combe Chauve
2520
2483
2437
2036
Serre Bertrand
Crête de Cugulet
D 902
1107
1293
Rif Bel
le Grand Pré
2201

1 h 30 - **Girards** *(1 670 m)* - Repère 21 -

S'engager à nouveau dans la forêt en obliquant à droite (est); suivre le sentier qui reste à flanc de côte en passant devant une petite cascade. Descendre en lacets vers le fond d'un vallon encaissé où coule le torrent de la Valette que l'on franchit sur un pont. Le sentier remonte pour rejoindre le lieu-dit La Deuxième Batterie (non porté sur la carte IGN) où il se transforme en route empierrée. On arrive ainsi à proximité du hameau de

1 h - **Gros** *(1 385 m)*

Abris sommaires et de l'eau.

On n'entre pas dans le hameau, qu'on laisse sur la gauche. Emprunter la route goudronnée qui continue en corniche offrant une vue étendue sur Montdauphin, son fort, la Durance et sur le massif du Pelvoux.

Après un parcours d'environ 2 km, on arrive à l'amorce d'un

30 mn - **Sentier** *(1 268 m)* - Repère 22 -

Descendant à Font d'Eygliers.

hors GR - 1 h - Guillestre

S'engager sur la gauche dans ce sentier descendant (sud) à la Goavie puis à la Font d'Eygliers. Emprunter ensuite la route qui descend dans la vallée du Guil et qui remonte à Guillestre.

Hôtels, restaurants, ravitaillement, tous commerces.

Auberge de jeunesse.

Cars pour de nombreuses directions et pour la gare SNCF de Montdauphin.

Le GR 541 continue sur la route ; 400 m plus loin, on laisse une route forestière à droite ; à la bifurcation suivante, prendre la branche de droite vers le hameau du Coin qu'on traverse.

Laisser la route allant au Vieux-Coin, continuer sur la route principale qui entre bientôt dans la forêt. Avant d'arriver à une fontaine située dans un virage de la route, on passe en contrebas d'une cabane forestière qui n'est pas visible de la route, il s'agit de la

45 mn - **Cabane forestière du Guillermin** *(1 260 m)* - Repère 24 -

Cabane ouverte en permanence, peut abriter 8 personnes sur un plancher; eau à proximité, poêle à bois. Pour l'atteindre, s'engager (150 m avant la fontaine), à droite, sur un sentier y conduisant.

Après la fontaine, franchir la coulée de pierres où passe le torrent du Merdanel, puis traverser successivement les hameaux des Combes, du Haut-Villaron et du Bas-Villaron. Par la route forestière, puis par un sentier descendant à gauche, le GR 541 rejoint une route goudronnée que l'on suit à droite sur 500 m jusqu'à sa jonction avec la N 94 dans le village de

1 h 15 - **Saint-Crépin** *(905 m)* - Repère 25 -

Hôtel-restaurant, ravitaillement.

Le GR 541 continue ves l'ouest en direction du Pas de la Cavale où il rejoint le GR 54 « Tour de l'Oisans ».

Variante du GR 541

du refuge de Furfande à Montdauphin

REFUGE de Furfande (2 293 m) - Repère R -

Voir renseignements sur GR 58.

Depuis le refuge, un sentier partant vers le nord-ouest permet de rejoindre, à travers des chalets-granges éparpillés, le GR 541 à proximité d'une petite éminence marquée par une croix. On emprunte le GR 541 vers l'ouest puis le sud en direction du col Garnier. Au passage, on trouve un

45 mn - **Panneau** *(2 206 m)* - Repère 20 -

indiquant Col Saint-Antoine, col Garnier, col de Furfande.

A ce panneau, on laisse le GR 541 qui monte (sud) au col Garnier pour prendre vers l'ouest un sentier remontant la gazonnée d'un alpage en s'orientant vers le nord. On arrive dans une zone de casses (éboulis) qui donne accès vers l'ouest au

1 h - **Col Saint-Antoine** *(2 458 m)*

Situé entre le Testas et le Pic des Chalanches.

Quitter le col par la droite dans les pentes schisteuses du pic des Chalanches. Peu après, obliquer à gauche pour contourner par le sud la crête des Lauzettes puis se diriger vers le nord-ouest pour franchir le col du Lauzet (2 223 m) et atteindre le rebord oriental du

35 mn - *Lac du Lauzet (2 205 m)*

Contourner le lac par son déversoir. Le GR se dirige vers l'ouest dans un alpage parsemé de gros rochers, puis dans une zone de casses (éboulis) pour atteindre, par quelques lacets dans une pente raide, le

1 h - *Col de Moussière (2 352 m)* - Repère 21' -

On descend sur le versant sud du vallon par un bon sentier; à l'altitude de 2 250 m environ, on laisse un sentier qui part vers l'ouest pour continuer sur celui qui gagne (sud-ouest) la croupe de l'alpage des « Crousas ». Le sentier, bien tracé, descend ensuite par de larges lacets dans une partie boisée, puis par une série de lacets très serrés, il atteint le torrent du Merdanel qu'on franchit. Par quelques lacets encore, on arrive à la

2 h - *Cabane du Bois Durat (1 542 m)*

Emprunter la route forestière qui descend dans la forêt. Vers l'altitude de 1 300 m, abandonner la route pour s'engager, à droite, sur un sentier descendant au hameau

1 h - *le Coin (1 168 m)* - Repère 23 -

Point de croisement avec le GR 541.

Emprunter alors la route pour descendre à

20 mn - *Eygliers (1 027 m)*

De là, descendre soit par la D 37 puis la D 137 à Montdauphin-Ville; soit par une petite route partant vers l'ouest et coupant deux lacets de la D 37 pour la rejoindre un peu avant le lotissement les Blanches. Gagner alors la

1 h - *Gare de Montdauphin (900 m)*

Index des noms de lieux

10e édition : mai 2002
Auteur : FFRP-CNSGR
© FFRP-CNSGR 2002 - ISBN N° 2-85-924-7 © IGN 2002
Dépôt légal : mai 2002
Imprimerie France Quercy, 46001 CAHORS